Sandra Gockenbach | Ralf Heil

ENTSPANNT
AUSREITEN

Übungsprogramm für Pferd und Reiter

Müller
Rüschlikon

Einbandgestaltung: R2 I Ravenstein, Verden

Titelfoto: Christiane Wehnert
Bildnachweis: Alle Bilder stammen von Florian Schmid, www.floschmid.com
Ausnahmen:
Birkenhof Gbr: S. 40, 41,137, 148, 149, 167
Don Van Rossen: S. 10
Fotolia: ©ARochau / Fotolia S. 21 und ©rima15 / Fotolia S. 24
Christiane Wehnert: S. 3, 22
Alle Grafiken: Parelli Natural Horsemanship, www.parelli.com

Hinweis: Die Basisübungen der Sieben Spiele sowie die Horsenality-Analyse sind geistiges Eigentum von Pat und Linda Parelli (www.parelli.com).

Alle Angaben in diesem Buch wurden nach bestem Wissen und Gewissen gemacht. Für einen eventuellen Missbrauch der Informationen in diesem Buch können weder die Autoren noch der Verlag oder die Vertreiber des Buches zur Verantwortung gezogen werden. Eine Haftung für Personen-, Sach- und Vermögensschäden ist ausgeschlossen.

ISBN 978-3-275-02086-7

Copyright © by Müller Rüschlikon Verlag
Postfach 103743, 70032 Stuttgart
Ein Unternehmen der Paul Pietsch Verlage GmbH & Co. KG

2. Auflage 2018

Sie finden uns im Internet unter www.mueller-rueschlikon-verlag.de

Lektorat: Claudia König
Innengestaltung: Kerstin Diacont
Druck und Bindung: Conzella Verlagsbuchbinderei, 85609 Aschheim
Printed in Germany

Inhalt

Kapitel 1
Einleitung der Autoren   6

Kapitel 2
Was ist Parelli Natural
Horsemanship?   12
So funktioniert das Parelli-Konzept   15
Parelli Natural Horsemanship in Europa   16

Kapitel 3
Übungsprogramm
für entspannte Ausritte   18
Das Verhalten des Pferdes
im Gelände verstehen   20
Die Persönlichkeit des Pferdes   23
Die vier Horsenalities™ nach Pat Parelli   24
Test: Welcher Ausreit-Typ ist mein Pferd?   28
So bestimmt die Pferdepersönlichkeit
den Ausritt   30
Exkurs: Die Persönlichkeit des Menschen   38

Kapitel 4
Übungsprogramm
für entspannte Ausritte   44
Einleitung   46
Das richtige Equipment fürs Training   50
Basiswissen zu den natürlichen Hilfen   52
Aller Anfang
ist eine freundliche Begrüßung   57
Richtig Halftern   59
Pferde entspannt führen   63
Die Sieben Spiele am Boden   67
Spiel #1
Freundschaftsspiel (Friendly Game)   71
Spiel #2
Stachelschwein-Spiel
(Porcupine Game)   77
Spiel #3
Bewegungsspiel (Driving Game)   82
Spiel #4
Jo-Jo-Spiel (Yo-Yo Game)   87
Spiel #5
Zirkel-Spiel (Circling Game)   93
Spiel #6
Seitwärts-Spiel (Sideways Game)   99
Spiel #7
Engpass-Spiel (Squeeze Game)   102

Wie geht es weiter?   108
Sicher spazieren gehen mit dem Pferd   109
Die Basis im Sattel   111
Checks vor dem Losreiten   114
Wie gut kann das Pferd
den Hals biegen?   *114*
Wie gut kann das Pferd mit der
Hinterhand weichen?   *119*
Los geht's –
Basisübungen auf dem Reitplatz   121
Anreiten   *121*
Anhalten   *123*
Übergänge   *123*
Die 9 Schritte zum Rückwärtsgehen   *127*
Die Sieben Spiele im Sattel   130
Raus mit Euch! So geht's spielerisch
und sicher im Sattel ins Gelände   136

Kapitel 5
Mehr Spaß im Gelände
Ausritt in der Gruppe   **138**
Einleitung   140
Vorbereitung auf dem Reitplatz   140
Mit der Gruppe im Gelände unterwegs   145

Kapitel 6
Notfall-Ratgeber
für typische Probleme im Gelände 148
Einleitung   150
Notfall-Ratgeber   151
Das Pferd geht nicht vom Hof   *151*
Das Pferd geht durch   *157*
Das Pferd ist nervös im Gelände   *159*
Das Pferd hält draußen oft an und will
nicht freiwillig vorwärtsgehen   *159*
Das Pferd schnappt ständig nach Gras
am Wegrand   *160*
Das Pferd ist draußen eilig unterwegs   *162*
Das Pferd wird auf dem
Heimweg schneller   *165*
Unterwegs mit anderen Reitern:
Das Pferd will nicht auf seiner Position
laufen und drängelt   *167*
Mein Pferd ist im Galopp nicht
mehr zu halten   *168*
Mein Pferd dreht durch, wenn wir die
Gruppe verlassen   *168*

21 wichtige Gedanken
für jeden Reiter   **170**

Service · Quellennachweis   **172**

Die Autoren   **174**

Einleitung der Autoren

Ausreiten ist der Inbegriff von Freiheit, Erholung und dem Einssein mit dem Pferd und der Natur. Damit Mensch und Pferd Spaß am Ausritt haben und sicher wieder nach Hause kommen, braucht es eine gute, feinfühlige Ausbildung des Pferdes und des Reiters.

Einleitung der Autoren

Im gestreckten Galopp geht's durchs Gelände. Die Pferdemähne flattert, der Wind weht dem Reiter um die Nase – was für ein schönes Gefühl! Ausreiten ist der Inbegriff von Freiheit, Erholung und dem Einssein mit dem Pferd und der Natur.

Was so traumhaft klingt, entpuppt sich für viele Reiter zu einem Albtraum. Das Gelände steckt voller Überraschungen. Manche Pferde drehen im Galopp voll auf und lassen sich kaum bremsen. Andere Tiere scheuen vor Vögeln, die aus dem Gebüsch flattern.

In diesen Momenten bekommen viele Reiter verständlicherweise große Angst. Ein Kontrollverlust über das Pferd kann schließlich richtig gefährlich werden. Immer wieder liest man von schweren Unfällen beim Ausreiten. Manche brenzligen Situationen enden sogar tödlich für Mensch oder Tier. Bei solchen Horror-Geschichten ist es kein Wunder, dass viele Reiter nur noch mit weichen Knien ausreiten oder sich gar nicht mehr vom Hof trauen.

Wer mit anderen Reitern über das Gelände-Problem seines Pferdes spricht, bekommt oft Ratschläge wie: »Macht das Pferd einen Satz zur Seite, muss der Mensch die Knie zumachen und das Pferd vorwärtstreiben« oder »Hitzige Pferde sollte man vor dem Ausritt ablongieren«. Diese vermeintlich gut gemeinten Tipps kurieren das Gelände-Problem jedoch meist nicht nachhaltig.

Warum?

Ausreiten wird oft unterschätzt. Ein Geländeritt ist anspruchsvoll – vor allem für die Psyche des Pferdes. Um das zu verstehen, muss man sich in den Pferdekopf hineinversetzen: Beim Ausflug ins Grün verlässt das Tier den vertrauten Stall und begibt sich in unbekanntes Gebiet. Hinter jedem Busch könnte Gefahr lauern – so denkt zumindest das Tier. Geht man alleine raus, fehlen dem Pferd zusätzlich seine vertrauten Kumpels. Für das Pferd als ein geborenes Flucht- und Herdentier kann ein Ausritt dementsprechend eine große Herausforderung darstellen. Um Gelände-Probleme langfristig und nachhaltig zu lösen, braucht man ein kluges, feinfühliges Training, was die Partnerschaft zum Pferd an die erste Stelle stellt.

In diesem Buch erfährst Du, wie Du die richtige Basis für einen entspannten Ausritt mit Deinem Pferd legst. Dabei handelt es sich um keine 08/15-Ratschläge, sondern um Übungen, die auf den individuellen Charakter und die Bedürfnisse Deines Pferdes abgestimmt sind.

Dressurarbeit in der Natur motiviert Pferd und Reiter.

Darüber hinaus ist dieses Buch ein Leitfaden für alle Reiter, die mit ihrem Pferd noch nie im Gelände waren und das Tier systematisch aufs Ausreiten vorbereiten wollen.

Alle Übungen und Tipps dieses Buches orientieren sich am Ausbildungsprogramm »Parelli Natural Horsemanship«, das die Freundschaft zwischen Mensch und Pferd an erste Stelle stellt (Infos dazu siehe Kapitel 2 – Was ist Parelli Natural Horsemanship?). Hinzu kommen unsere Erfahrungen, die wir im Training mit Pferden und im Austausch mit anderen Ausbildern gesammelt haben, sowie persönliche Denkanstöße.
Unser Übungsprogramm ist reitweisenunabhängig und gewaltfrei. Die meisten Übungen sind einfach, aber sehr effektiv. Die Basis ist unserer Meinung nach das A und O im Training mit Pferden. Je solider die Basis ist, desto sicherer und entspannter wird auch Ausreiten. Vielen Reitern erscheinen manche Übungen in diesem Ratgeber möglicherweise auf den ersten Blick zu simpel. Trotzdem empfehlen wir auch diesen, alle Übungen durchzugehen und sich gegebenenfalls neue Herausforderungen zu suchen, wie beispielsweise an der Genauigkeit der Ausführung zu arbeiten oder die Kommunikation zu verfeinern.

Wir wollen und können jedoch den Trainingsaufwand – gerade wenn das Pferd ein ritualisiertes Problemverhalten im Gelände zeigt – nicht klein reden. Unter Umständen brauchst Du viel Zeit, Geduld und ein sehr gutes Einfühlungsvermögen, um langfristig Erfolg zu haben.

Sandra Gockenbach (auf dem Pferd links), Pat Parelli (auf dem Pferd in der Mitte) und Ralf Heil (auf dem Pferd rechts).

Pferde sind darüber hinaus sehr unterschiedlich und wir gestalten das Training mit jedem Pferd individuell. Aus Platzgründen und der Übersicht halber können wir in diesem Buch nicht alle Probleme, die sowohl beim Training als auch beim Ausreiten auftreten können, und deren Lösungen beschreiben, weil das von Pferd zu Pferd und oft auch von Situation zu Situation sehr unterschiedlich sein kann. Bei uns im Training gibt es kein Schwarz-Weiß-Denken. Wir haben uns daher hier auf die wichtigsten Informationen sowie auf typische Probleme konzentriert, die unserer Erfahrung nach häufig auftreten. Dazu empfehlen wir Lösungen, die ebenfalls bei vielen Pferden helfen. Was ein Ratgeber nicht ersetzen kann ist die

Reitplatz oder Reithalle? Im Buch verwenden wir stets den Begriff Reitplatz. Du kannst aber auch gerne mit Deinem Pferd in einer Reithalle üben.

Die Autoren dieses Buches und ihre Vierbeiner: Ralf Heil mit Pferd Fritz und Hund Bodo, Sandra Gockenbach mit Haflinger Willi und Christiane Wehnert mit Labrador-Hündin Anouk.

Unterstützung durch einen guten Trainer, der Dir hilft, wenn Du mit Deinem Pferd bei einer Übung oder einem Problem nicht weiterkommst.

Wir wünschen Dir in jedem Fall viel Vergnügen beim Lesen und viel Spaß mit Deinem Pferd im Gelände!

Ralf Heil, Sandra Gockenbach und Christiane Wehnert (Co-Autorin)

Welche Erfahrungen hast Du mit diesem Buch gemacht?
Wir freuen uns auf Dein Feedback
per Mail an: info@birkenhof-heil.de

Was ist Parelli Natural Horsemanship?

Parelli, wie das Ausbildungsprogramm umgangssprachlich genannt wird, ist keine Reitart und
beschränkt sich auch nicht auf eine bestimmte
Pferderasse. Vielmehr ist es eine Lebenseinstellung,
die das Wohlbefinden des Pferdes und die
Partnerschaft mit dem Pferd stets an erste Stelle
stellt.

Was ist Parelli Natural Horsemanship?

1981 gründete der amerikanische Pferdetrainer Pat Parelli sein Ausbildungsprogramm, welches er »Parelli Natural Horsemanship« nannte. Seit 1993 ist seine Frau Linda Parelli dabei. Zusammen entwickeln sie das Programm stetig weiter.

Parelli, wie das Ausbildungsprogramm umgangssprachlich genannt wird, ist keine Reitart und beschränkt sich auch nicht auf eine bestimmte Pferderasse. Vielmehr ist es eine Lebenseinstellung, in der das Wohlbefinden und die Partnerschaft mit dem Pferd oberste Priorität hat, und eine Grundausbildung für Mensch und Pferd, welche auf gegenseitiger Kommunikation, auf Respekt und Vertrauen zwischen Mensch und Pferd basiert und die die unterschiedlichen Ansprüche der verschiedenen Pferdepersönlichkeiten berücksichtigt. Das oberste Ziel ist es, das Pferd durch minimalste Signale zur Mitarbeit zu motivieren.

Dabei spielt es keine Rolle, ob man Englisch oder Western reitet oder ob man Freizeit- oder Sportreiter ist. In erster Linie geht es darum, das Pferd besser zu verstehen und dieses Wissen im Alltag anzuwenden. Das sorgt für einen partnerschaftlichen, harmonischen Umgang.

Unterschiede zwischen konventioneller Pferdeausbildung und Parelli Natural Horsemanship	
Konventionelle Pferdeausbildung	**Parelli Natural Horsemanship**
»Das hat sich so bewährt, so macht man das.«	»Mal was Neues probieren« – das Pferd respektieren und wertschätzen
»Zucht und Ordnung«	Vertrauen, Einladen, Ermutigen, Inspirieren
Pferdebild X »Pferd ist unwillig, faul und braucht eine harte Hand.«	Pferdebild Y Die Pferdepersönlichkeit kennen, Körpersprache beachten
»Das Meiste rausholen«	»Das Beste entwickeln«

Parelli Natural Horsemanship steht für:

- Erfolg ohne Gewalt
- Partnerschaft ohne Dominanz
- Teamwork ohne Angst
- Bereitwilligkeit ohne Einschüchterung
- Harmonie ohne Zwang

So funktioniert das Parelli-Konzept

Das Parelli-Ausbildungsprogramm basiert auf einem vierstufigen Level-Programm (Level 1 bis Level 4), welches den Reiter Schritt für Schritt von der Basis bis hin zu schwierigen Lektionen führt.

Level 1: Partnerschaft

Hier geht es um Sicherheit und Kommunikation

Level 2: Harmonie

Hier geht es um Vertrauen und Spaß

Level 3: Verfeinerung

Hier geht es um vertiefte Fähigkeiten und Genauigkeit

Level 4: Vielseitigkeit

in allen Lernbereichen

In den Levels sind wiederum vier sogenannten Savvys enthalten. Dabei handelt es sich um Lernbereiche am Boden und im Sattel. Je nach Level gibt es unterschiedliche Übungen und Schwierigkeitsgrade.

Die Savvys im Überblick:

1. On Line (Bodenarbeit am Seil)
2. Liberty (Freiheitsdressur)
3. Freestyle (Zügelunabhängiges Reiten)
4. Finesse (Reiten mit Zügelkontakt)

On Line: Bodenarbeit am Seil.

Liberty: Freiheitsarbeit mit dem Pferd.

Parelli Natural Horsemanship in Europa

In Europa gibt es viele Top-Instruktoren von Parelli Natural Horsemanship. Jeder Instruktor durchläuft einen anspruchsvollen Lizenzierungsprozess und bildet sich in regelmäßigen Abständen weiter.

Das sogenannte »Star rating« definiert die Qualifikation des Trainers. Die Skala reicht vom 1-Stern-Junior-Instruktor (neuer Trainer im Parelli-Programm) bis hin zum 6-Sterne-Master-Instruktor (absoluter Top-Trainer).

Die Autoren dieses Buches besitzen folgende Qualifikation:
Sandra Gockenbach, 1-Stern-Instruktor
Ralf Heil, 3-Sterne-Instruktor

Alle Infos zu den Autoren und deren Ausbildungsangebot gibt es unter: Sandra Gockenbach www.sandra-gockenbach.de
und Ralf Heil www.birkenhof-heil.de
Weitere Infos über das Parelli-Programm und Trainer in Deiner Nähe findest Du unter www.parelli-instruktoren.com

Freestyle: Reiten mit durchhängenden Zügeln.

Finesse: Reiten mit Kontakt zum Pferdemaul.

Übungsprogramm für entspannte Ausritte

Das Verhalten des Pferdes im Gelände verstehen

Im Parelli-Ausbildungsprogramm wird zwischen vier Charakter-Grundtypen unterschieden. Das sind die vier Horsenalitys™: Left Brain extrovertiert, Left Brain introvertiert, Right Brain extrovertiert und Right Brain introvertiert.

Schätzt Du den Grundtyp Deines Pferdes richtig ein und gehst darauf ein, hilft Dir das bei der Ausbildung des Pferdes zu einem sicheren Geländepartner.

Das Verhalten des Pferdes im Gelände verstehen

Einleitung

Pferde sind von ihrem Charakter her so unterschiedlich wie wir Menschen. Da gibt es beispielsweise Draufgänger, Angsthasen oder stille Mäuse. Nur wer weiß, welchen Charakter sein Pferd besitzt und darauf entsprechend eingeht, wird einen zufriedenen und verlässlichen Partner unterm Sattel haben – die perfekte Voraussetzung für einen entspannten Ausritt.

Warum das so wichtig ist, lässt sich am besten an zwei Beispielen erklären:

■ 1. Pferde, die von ihrer Persönlichkeit her grundsätzlich eher schüchtern und ängstlich sind, brauchen einen Reiter, der ihnen in jeder Situation Sicherheit und ein gutes Gefühl vermittelt, damit sie entspannen und lernen können. Das gilt auch fürs Gelände. Schließlich könnte hinter jedem Baum ein Monster lauern. So denkt zumindest das Fluchttier Pferd.

■ 2. Pferde, die von Natur aus mutig und bewegungsfreudig sind, brauchen einen Reiter, der ihnen Abwechslung bietet. Die allwöchentliche Sonntags-Ausreitrunde im Schritt langweilt sie. Sie wollen was erleben: Berg hoch, Berg runter, schneller, langsamer und so weiter.

Unserer Erfahrung nach, machen sich viele Reiter über die Persönlichkeit und die damit verbundenen Ausreit-Wünsche des Pferdes zu wenig Gedanken. Im Kopf haben sie stattdessen die Route und das Tempo, das sie auf dem jeweiligen Weg reiten wollen. Jedes Abweichen des Pferdes von ihrem Plan wie etwa Grasen oder plötzliches Antraben wird als ein gewisser Ungehorsam abgestempelt und bedarf einer Korrektur. Für die Ideen des Pferdes bleibt keine Zeit (beispielsweise Grasen) oder der Reiter will es schlichtweg nicht (beispielsweise Antraben ohne Aufforderung).

Hand aufs Herz, wem kommt das bekannt vor?

Übergeht man die Wünsche seines Pferdes, baut sich im Tier ein innerer Widerstand auf. Je nach Pferd braucht es unterschiedlich lange, bis das sprichwörtliche Fass zum Überlaufen gebracht wird und das Pferd seine Unzufriedenheit zum Ausdruck bringt.

Hier eine Auswahl typischer Widerstands-Symptome im Gelände: das Pferd lässt sich nicht mehr bremsen, es setzt den Reiter ab (durch Buckeln oder indem es den Reiter an einem Baum abstreift), das Pferd steigt, das Tier geht gegen den Schenkel oder es dreht um und will nach Hause gehen. Kurzum: Das Pferd ist nicht mehr gelassen

Dieses Pferd sagt deutlich NEIN: Es sprintet vorwärts und ignoriert die Hilfen des Reiters.

unterm Sattel und sagt NEIN zum Ausritt. Dieses Verhalten wird auch als Oppositionsreflex bezeichnet.

Am besten nimmt der Reiter schon die leisesten Signale eines innerlichen Widerstands des Pferdes ernst und steuert gegen, indem er auf die Bedürfnisse seines Tiers eingeht.

Manche Reiter übergehen jedoch rigoros die Wünsche des Pferdes und arrangieren sich stattdessen mit dem Oppositionsreflex, indem sie bei-

spielsweise noch heftiger am Zügel ziehen um, das Pferd zu bremsen. Der innerliche Widerstand des Pferdes kann dadurch so groß werden, dass das Tier irgendwann schon im Stall NEIN sagt und gegen den Reiter geht. Beispielsweise giftet es schon beim Satteln oder lässt den Reiter nicht aufsteigen. Eine weitere Beobachtung aus unserem Traineralltag: Der innerliche Widerstand des Pferdes kann sich auch äußern, indem das Pferd beim Verlassen des Hofs anhält und plötzlich keinen Meter mehr vorwärtsgehen will.

So weit soll es nicht kommen! Wer einen rundum gelassenen und zufriedenen Partner beim Ausreiten haben möchte, stimmt die Gelände-Runde auf die Bedürfnisse seines Vierbeiners ab. Manche Tiere sind schon mit einem kurzen Schrittausritt inklusive einer längeren Fresspause zufrieden, andere wollen lieber schnell durch den Wald flitzen. Sinn und Zweck unseres Übungsprogrammes ist, das Pferd als einen motivierten, kooperativen Freund zu gewinnen.

In diesem Kapitel erfährst Du, wie Du herausfindest, was Deinem Pferd beim Ausreiten wichtig ist. Dazu schauen wir uns den Charakter Deines Vierbeiners genau an.
Übrigens: Die Informationen, die Du aus dieser Analyse gewinnst, sind nicht nur nützlich für einen Ausflug ins Gelände. Sie helfen Dir auch beim täglichen Umgang, im Dressurtraining oder bei anderen Aktivitäten mit dem Pferd.

Pferd, Pferd, Pferd … jetzt haben wir so viel über die Wünsche des Pferdes geschrieben, aber was ist denn mit den Bedürfnissen des Reiters? Die dürfen natürlich auch nicht untergehen. Daher fragen wir Dich auch in diesem Kapitel, wie Du Dir einen Traumausritt vorstellst und erklären, wie man gegebenenfalls die unterschiedlichen Wünsche von Pferd und Reiter unter einen Hut bekommt.

Die Persönlichkeit des Pferdes

1993 erfand Pat Parelli den Ausdruck Horsenality™, um die verschiedenen Persönlichkeiten der Pferde in für den Reiter verständliche Kategorien einteilen zu können. Horsenality™ ist eine Wortkombination bestehend aus den englischen Wörtern »Horse« (= Pferd) und »Personality« (= Persönlichkeit).

Worauf basiert die Persönlichkeit eines Pferdes?

■ **Angeborene Charakterzüge wie Rasseunterschiede:** Araber gelten als ausdauernd und wirken sehr lebhaft, Isländer werden von ihren Besitzern oft als ruhige Zeitgenossen beschrieben. Was wir damit sagen wollen: Jede Rasse hat ihre individuellen Eigenschaften. Wichtig ist aber auch zu wissen, dass es immer wieder Ausnahmen gibt wie beispielsweise einen in sich ruhenden Araber oder einen total quirligen Isländer.

■ **Angelerntes Verhalten und Erfahrung:** Fohlen werden von ihrer Mutter geprägt, später von ihren Pferdekumpels und natürlich auch vom Menschen. Ein Beispiel: Reagiert die Mutter des Fohlens schreckhaft, wenn sie neue Dinge wie z.B. eine Plane sieht, wird auch das Fohlen kaum daran schnuppern wollen und möglicherweise lebenslang neuen Dingen gegenüber skeptisch bleiben.

■ **Umgebung:** Wachsen Pferde neben einer viel befahrenen Straße auf, sind sie an Verkehr gewöhnt und haben wahrscheinlich keine Angst vor Autos oder Transportern. Im Umkehrschluss bedeutet das: Pferde, die immer nur ihre Box, die gleiche Stallgasse und Reithalle sehen, reagieren draußen schreckhafter als Pferde, die regelmäßig im Gelände oder in anderen Ställen unterwegs sind. Der Klassiker: Auf dem Turnier scheut das Dressurpferd vor dem Blumenschmuck am Viereck.

■ **Spirit:** Dieses Wort aus dem Englischen bedeutet übersetzt Geist. Gemeint ist damit, wie stark oder wie schwach die Persönlichkeit eines Pferdes ausgeprägt ist. Manche Pferde leben ihren Charakter voll aus, andere zeigen ihre Persönlichkeit nicht so deutlich. Bei letzteren Pferden besteht die Gefahr, dass der Reiter das Tier missversteht.

Sind die Pferde im Gelände zufrieden und entspannt, sind auch die Menschen happy.

Fohlen werden von der Mutter geprägt. Ist die Pferdemama neuen Dingen gegenüber aufgeschlossen, wird vermutlich auch das Fohlen neugierig sein.

Die vier Horsenalities™ nach Pat Parelli

Im Parelli-Ausbildungsprogramm wird zwischen diesen vier Charakter-Grundtypen unterschieden:

Left Brain extrovertiert

Diese Pferde lieben es, sich zu bewegen. Sie haben einen sehr verspielten Charakter mit dominanten Zügen. Sie lernen sehr schnell und entwickeln gerne eigene Ideen, wenn ihnen zu langweilig ist.

Häufig werden diese Pferde von ihren Besitzern auch als Spaßvögel oder Draufgänger bezeichnet.

Weitere typische Charaktereigenschaften:

- Lebhaft
- Neugierig
- Nervenstark
- Selbstbewusst
- Aufmerksam
- Intelligent

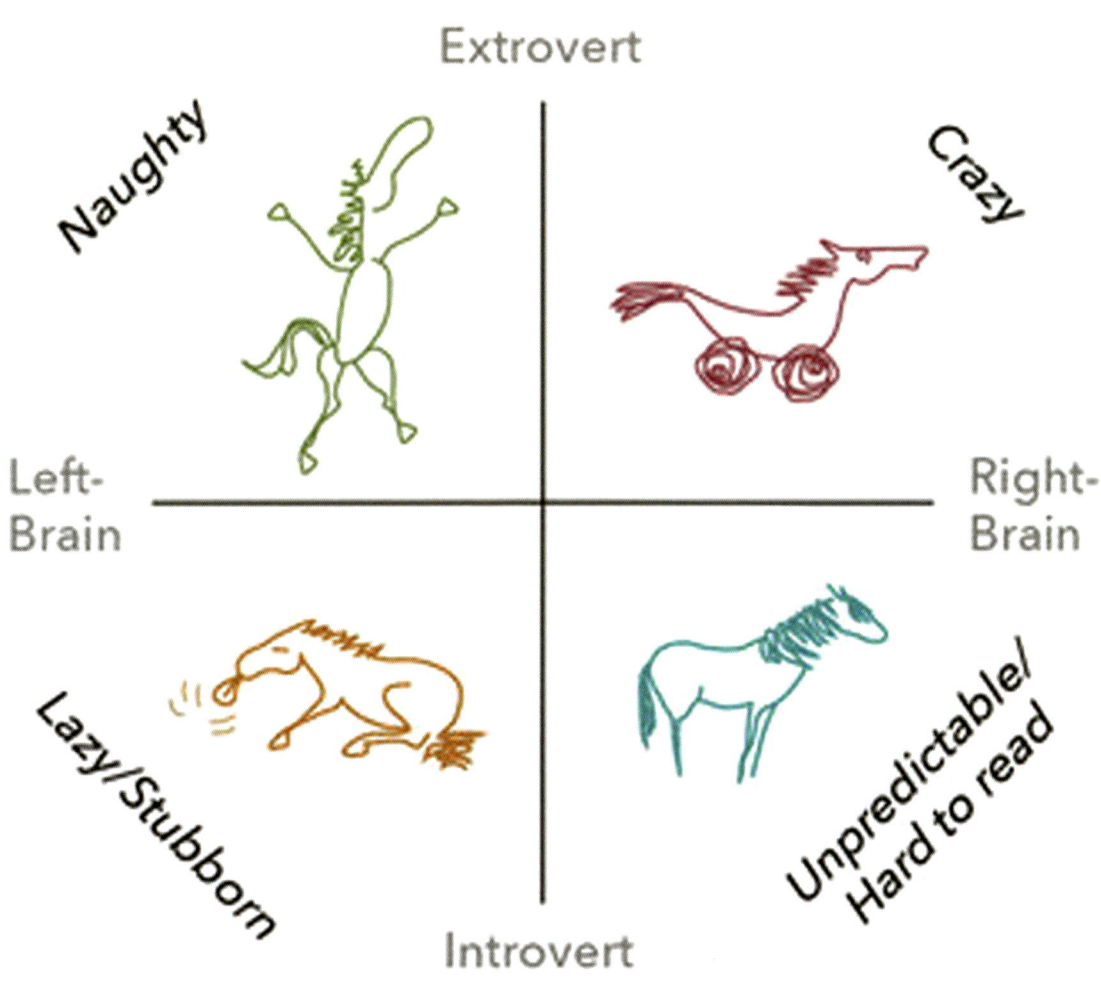

Extrovert

Naughty

Crazy

Left-Brain

Right-Brain

Lazy/Stubborn

Unpredictable/Hard to read

Introvert

Horsenality-Übersicht; www.parelli.com

- Ausdrucksstark, Pferde präsentieren sich gerne
- Guter Vorwärtsdrang
- Frech
- Pferde tendieren zum Beißen oder Treten
- Pferde untersuchen Gegenstände gerne mit dem Maul
- Pferde fordern Reiter gerne heraus
- Pferde brechen gerne Regeln
- Ungeduldig
- Aufdringlich

Left Brain introvertiert

Diese Pferde wirken träge und störrisch, sind dafür im Kopf aber umso schneller. Sie sind schlau und tricksen den Reiter gerne aus. Wenn sie keinen Grund sehen, sich zu bewegen, bleiben sie einfach stehen oder legen sich auch mal hin.

Weitere typische Charaktereigenschaften:
- Ruhig
- Geduldig
- Selbstbewusst
- Intelligent
- Verlässlich
- Ausgeglichen
- Streitlustig
- Dickköpfig
- Pferde tendieren zum Buckeln

- Futterorientiert
- Pferde bewegen sich nicht so gerne

Right Brain extrovertiert

Diese Pferde bewegen sich viel, aber nicht aus Freude, sondern aus Angst. Sie sind ständig auf der Flucht. Oft werden sie auch von ihren Besitzern als »verrückt« bezeichnet.

Weitere typische Charaktereigenschaften:
- Voller Energie
- Ausdauernd
- Sehr sensibel
- Pferde sind ihrem Menschen gegenüber treu
- Ausdauernd
- Athletisch
- Impulsiv
- Hyperaktiv
- Wachsam
- Pferde können nicht stehen bleiben
- Panisch
- Pferde tendieren zum Durchgehen und Steigen
- Pferde tragen den Kopf oft weit oben
- Pferde schauen ständig nach Gefahren
- Pferde rennen Menschen auch mal über den Haufen
- Pferde agieren wie Wildpferde

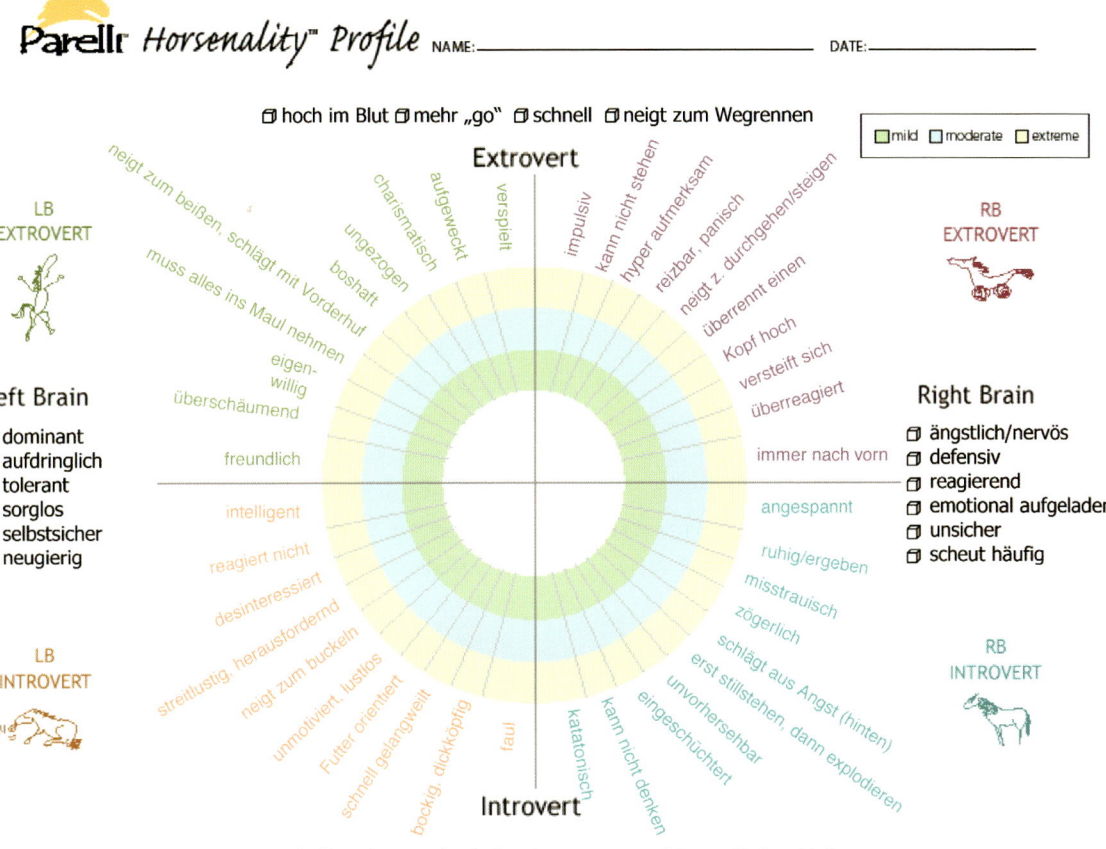

Horsenality-Chart; www.parelli.com

Right Brain introvertiert

Diese Pferde sind schüchtern, ruhig und sehr zurückhaltend. Bekommen sie Angst, ziehen sie sich in ihr Schneckenhaus zurück. Dann wirken sie wie eingefroren. Wird die Angst zu groß, explodieren sie von einer auf die andere Sekunde. Oft werden diese Pferde von ihren Besitzern als unvorhersehbar oder auch als stille Maus bezeichnet.

Weitere typische Charaktereigenschaften:

- Gehorsam
- Nicht nachtragend
- Misstrauisch
- Pferde tendieren zum Auskeilen aufgrund von Angst
- Pferde hängen an ihrer Pferdeherde = Kleber
- Pferde lassen sich nicht gerne anfassen
- Pferde scheinen sich für nichts zu interessieren

Test: Welcher Ausreit-Typ ist mein Pferd?

Mit den Tipps in diesem Kapitel kannst Du die Persönlichkeit Deines Pferdes analysieren und bestimmen. Das funktioniert sehr gut mit dem sogenannten Horsenality™-Chart aus dem Parelli-Ausbildungsprogramm (s. Seite 27). Dabei handelt es sich um ein Formular, auf dem Du die beobachteten positiven sowie negativen Charaktereigenschaften Deines Pferdes übersichtlich eintragen kannst.

Analysiere Dein Pferd am besten in vielen verschiedenen Situationen wie auf der Weide mit den Kumpels, im Stall, beim täglichen Umgang wie beim Putzen, bei der Bodenarbeit, beim Verladen in einen Anhänger, beim Reiten auf dem Reitplatz und in fremder Umgebung wie im Gelände oder auf dem Turnier. So bekommst Du ein umfassendes Bild vom Charakter Deines Pferdes.

Darüber hinaus empfehlen wir Dir, auch mal eine andere Person wie eine Stallkollegin oder Deinen Trainer zu bitten, die Persönlichkeit Deines Pferdes einzuschätzen. Warum? Andere Leute schauen sich Dein Pferd mit einem ganz anderen Blick an. Sie sehen vielleicht positive und negative Eigenschaften, die Dir selbst nicht auffallen. Das ist völ-

Pferde nur auf der Weide beobachten – warum das wenig über den Charakter der Tiere verrät

Man sollte meinen, dass man die Persönlichkeit eines Pferdes am besten in der Herde und im großen Auslauf wie auf einer Koppel analysieren kann. Hier können sich die Tiere schließlich ungestört vom Menschen bewegen.

Unserer Erfahrung nach reicht diese Beobachtung jedoch nicht aus, um den Charakter eines Pferds zu bestimmen. Denn im Normalfall verhalten sich die Tiere auf der Koppel ruhig. Sie fühlen sich innerhalb der Herde und im bekannten Umfeld wohl und sicher. Alles wirkt ruhig. Jetzt aufgrund von einem Ohrenanlegen oder einem Spiel mit einem Kumpel auf den Charakter des Pferds zu schließen, ist zu vage. Gleiches gilt für den Auftrieb auf die Weide.

Ausnahmen bestätigen die Regel: Tritt eine Veränderung auf der Koppel ein (beispielsweise wird ein neues Pferd in die Herde integriert oder ein Traktor steht am Weiderand), welche die Tiere interessiert, kann man sehr wohl erkennen, welche Pferde ängstlich, neugierig, dominant oder tiefenentspannt sind.

lig normal und wird umgangssprachlich gerne auch als Betriebsblindheit bezeichnet. Ein ehrliches Feedback einer anderen Person ist daher sehr wertvoll und eine tolle Ergänzung zu Deinen eigenen Beobachtungen.

So füllst Du das Horsenality-Chart aus

1. Nehme Dir zuerst die schwarzen Kästchen am Rand vor (unter den Begriffen Left Brain und Right Brain). Kreuze die Eigenschaften an, die auf Dein Pferd mehrheitlich zutreffen. Dasselbe machst Du mit den schwarzen Kästchen oben und unten (unter den Begriffen Extrovertiert und Introvertiert).

2. Schaue Dir als nächstes die farbigen Begriffe im Kreis an. Bei den Eigenschaften, die auf Dein Pferd zutreffen, machst Du ein Kreuz in den bunten Kästchen. Grün steht für eher schwach ausgeprägt, blau für etwas mehr und gelb für stark ausgeprägt. Bei den Eigenschaften, die auf Dein Pferd nicht zutreffen, lässt Du die Kästchen leer.

Auswertung

In welchem Bereich des Kreises hat Dein Pferd die meisten Kreuze? Und wo ist die Ausprägung am extremsten? Dann ist das wahrscheinlich die Persönlichkeit Deines Pferdes.

Üblicherweise hat jedes Pferd eine Grund-Persönlichkeit. Sie kann weniger bis sehr stark ausgeprägt sein, sprich bei manchen Pferden erkennt man den Charakter auf Anhieb, weil die Eigenschaften auf den ersten Blick erkennbar sind. Bei anderen Tieren nimmt man die Merkmale kaum wahr (siehe dazu auch Seite 23 – Spirit).

Je nach Situation kann sich die Persönlichkeit des Pferdes aber auch verschieben. So ist es beispielsweise kein Wunder, dass viele Pferde beim Ausreiten im Vergleich zum Dressurtraining in der gewohnten Reithalle wie ausgewechselt wirken. Dieses Verhalten kennen wir nur zu gut von uns Menschen. Ein Beispiel: Grundsätzlich ruhige Zeitgenossen können in Stress-Situationen plötzlich panisch reagieren. Man erkennt den Menschen in dieser Situation kaum wieder.

Left Brain extrovertiert:
Rauf, runter, schneller,
langsamer –
diese Pferde brauchen
Abwechslung im Gelände.

www.parelli.com

Verschiebt sich der Charakter des Pferdes plötzlich, ist das eine sehr anspruchsvolle Situation für den Reiter. Denn je nach Persönlichkeit gibt es unterschiedliche Strategien, wie der Reiter mit dem Pferd am besten umgehen sollte. Der Mensch sollte also blitzschnell erkennen können, ob das Pferd in ein anderes Verhaltensmuster rutscht und muss gegebenenfalls schnell im Kopf umschalten sowie sein eigenes Verhalten an die aktuellen Bedürfnisse des Pferdes anpassen.

So bestimmt die Pferdepersönlichkeit den Ausritt

Willst Du mit Deinem Pferd ein echtes Team sein oder ein Leben lang gegeneinander kämpfen? Ob Ausflug ins Gelände, Training in der Halle oder Sonntagsspaziergang, wer bei den gemeinsamen Aktivitäten die Wünsche des Pferdes stets berücksichtigt, hat mehr Spaß mit seinem Vierbeiner und macht gemeinsam größere Fortschritte. Wer auf die Bedürfnisse seines Tiers eingeht, bei dem lösen sich überdies häufig viele Konflikte wie von Zauberhand in Luft auf – oder sie tauchen bestenfalls gar nicht erst auf.

In diesem Kapitel findest Du grundsätzliche Verhaltenstipps fürs Ausreiten, die auf die vier verschiedenen Persönlichkeiten abgestimmt sind.

Left Brain extrovertierte Pferde brauchen viel Abwechslung im Gelände (Beispielbild).

Left Brain extrovertiert

Diese Pferde brauchen Abwechslung und Herausforderungen. Sie wollen draußen was erleben und sind sehr wissbegierig. Immer die gleiche gemütliche Runde treibt diese Pferde in den Wahnsinn. Viele Wiederholungen sind diesen Pferden zuwider. Stattdessen lieben sie es, flott unterwegs zu sein und neue Wege zu erkunden. Für Abwechslung sorgt nicht nur die Route, sondern auch das Abfragen von Dressurlektionen im Gelände, Kraxeln durchs Unterholz oder zwischendurch ein schneller Sprint über eine Wiese. Hat das Pferd eine Aufgabe verstanden, kannst Du zur nächsten übergehen. Je mehr Du die Interessen des Pferdes berücksichtigst und es in seinen Ideen bestärkst,

umso verbundener wird es und macht letztendlich das, was Du Dir wünschst.

Left Brain introvertiert

Diese Pferde müssen erkennen, dass sich die Anstrengung für den Reiter lohnt. Permanentes Treiben, damit das Tier schneller geht, lässt das Pferd nur noch träger werden. Du solltest stattdes-

Left Brain introviertiert:
Fresspausen dienen der Motivation (Beispielbild).
www.parelli.com

Wie bist Du denn heute drauf? So erkennst Du die Tagesform Deines Pferdes.

In diesem Kapitel hast Du erfahren, wie man die grundsätzliche Persönlichkeit eines Pferdes bestimmen kann und, dass sie sich je nach Situation verschieben kann. Jetzt kommt noch eine weitere Schwierigkeit hinzu: die Tagesform des Pferdes. Das kennen wir nur zu gut von uns selbst. An einem Tag sind wir besser, am anderen schlechter drauf. So geht es auch den Tieren.

Um die Tagesform Deines Pferdes zu erkennen, helfen die sogenannten Sieben Spiele, die wir Dir ab Seite 67ff– Sieben Spiele am Boden) vorstellen. Wir empfehlen, die Spiele zu Beginn jedes Trainings mit Deinem Pferd am Boden auf dem Reitplatz durchzugehen und dann zu überlegen, welche Spiele gut geklappt haben und bei welchen Du etwas bestimmter werden musstest. Das gibt Dir Hinweise auf die Tagesform Deines Pferdes. Hier ein paar Beispiele:

Bist Du heute eher intro- oder extrovertiert drauf?
Introvertiere Pferde haben weniger Vorwärtsdrang als extrovertierte Tiere. Der Unterschied fällt beispielsweise gut bei Spiel #4 (Jo-Jo-Spiel) und Spiel #5 (Zirkel-Spiel) auf.

Wie sieht es mit dem emotionalen Befinden aus (Left Brain oder Right Brain)?
Die Tagesform lässt sich beispielsweise gut an Spiel #2 (Stachelschwein-Spiel) oder Spiel #3 (Bewegungsspiel) ablesen. Lasse das Pferd erst die Vor- und im Anschluss die Hinterhand kreuzen. Selbstbewusste Pferde (Left Brain) weichen leicht mit der Hinterhand; das Kreuzen der Vorhand fällt ihnen im direkten Vergleich schwerer. Unsichere Tiere (Right Brain) mögen lieber mit der Vorhand als mit der Hinterhand kreuzen.

Eine wichtige Anmerkung zu diesen Tests: Natürlich spielt auch die Tagesform des Menschen eine große Rolle. An einem Tag treten wir selbstbewusster auf, an einem anderen eher schüchterner. Hinterfrage Dich daher auch immer selbst, wie es Dir heute geht und welche Auswirkungen das auf die Kommunikation mit dem Pferd hat.

Das Jo-Jo-Spiel zeigt, ob das Pferd heute eher intro- oder extrovertiert ist.

Beim Stachelschwein-Spiel merkt der Reiter, ob das Pferd heute eher selbstbewusster oder unsicherer ist.

sen lieber eine andere Strategie nutzen, die sogenannte umgekehrte Psychologie: Dabei gibt man sich mit weniger zufrieden. Dieses Verhalten weckt das Interesse des Pferdes und es wird kooperativer.

Apropos Motivation: Diese Pferde gehen im Gelände gerne vorwärts, wenn die Route für sie einen Sinn ergibt. Motivation kann für sie sein: Fresspausen, Neues erkunden oder eine gewohnte Strecke in einem anderen Blickwinkel erleben. Wenn das Pferd den Sinn erkennt, braucht es von Dir nur die Grundinformationen wie Strecke und Tempo. Den Rest erledigt es dann von selbst.

Right Brain extrovertiert

Sicherheit steht für diese Pferde an erster Stelle. Das Tier benötigt ständig die buchstäbliche Versicherung des Menschen, dass es nicht sterben wird. Du musst dem Pferd helfen, sich zu entspannen.

Willst Du eine entspannte Runde durchs Gelände gehen, solltest Du den Ausritt so einfach wie möglich gestalten. Am besten sucht man sich dafür eine Route aus, die das Pferd gut kennt. Das Pferd befindet sich dabei in seiner Komfortzone und ist ruhig. Du kannst im Sattel entspannen. Willst Du das Pferd hingegen emotional festigen, musst Du

Die Autoren und ihre Pferde – Ralf Heil und Fritz

»Bevor ich Fritz kennenlernte, war er in der Nähe von Oldenburg in einem Sportstall zwecks professioneller Dressurausbildung. Als Nachkomme vom Hengst Fürstentraum ließ seine Abstammung auf eine Karriere im Sport hoffen.

Nach zirka vier bis fünf Monaten im Beritt verweigerte Fritz immer mehr die Mitarbeit. Es wurde so mit ihm umgegangen, dass er mit dem Reiter mehrfach gegen die Bande galoppierte, verweigerte und sogar aus der Gefängnisbox aus dem Fenster sprang und sich dabei schwere Verletzungen zuzog.

Ich bekam daraufhin einen Anruf einer netten Dame, die einen Kurs bei mir mitgemacht hatte, und deren Pferd auch an diesem Stall stand, mit der Bitte dieses Tier anzuschauen und es ggf. zu übernehmen, da es sonst entsorgt werden würde.

Ich hatte in der Woche darauf in der Nähe zu tun und fuhr zu Fritz. Ich sah ihn an, spielte etwas mit ihm und hatte dieses sensible zarte Wesen gleich in mein Herz geschlossen. Ich holte ihn ab und brachte ihn auf den Birkenhof. Dort begann ich, ihn zu resozialisieren, Vertrauen aufzubauen und ihm wieder Selbstwert und Selbstvertrauen zu geben.

Fritz wurde von ganz lieben Menschen meiner Meinung nach nicht richtig gelesen und mit falschen Trainingsstrategien trainiert.

Ich durfte von Fritz viel lernen, habe sehr viel Zeit, Liebe und Horsemanship-Kompetenz investiert. Ich bin dem Universum sehr dankbar, dass es Fritz gibt! Mittlerweile ist er eines meiner solidesten Pferde!

Right Brain extrovertiert:
www.parelli.com

Right Brain extrovertiert: Diese Pferde mögen
bekannte Routen im Gelände (Beispielbild).

es an seine emotionale Grenze bringen, indem Du beim Ausreiten auch Situationen nicht scheust, in denen das Pferd mal unruhig werden kann. Das ist eine Herausforderung für den Reiter. Darüber solltest Du Dir bewusst sein.

Wird das Pferd unruhig, solltest Du es nicht übermäßig begrenzen. Es muss sich bewegen können, um wieder klar denken zu können. Versuche stattdessen, die vorhandene Energie positiv zu nutzen, indem Du bekannte Übungen abfragst wie etwa die Sieben Spiele im Sattel (ab Seite 130ff) oder es mit einfachen Aufgaben wie beispielsweise über Äste gehen sowie einem Slalom um Bäume beschäftigst. Darüber hinaus geben Wiederholungen

dem Pferd Sicherheit. Bleibe dabei bestimmt, aber keinesfalls aggressiv.

Je früher Du die Unruhe im Pferd bemerkst und gegensteuerst, desto weniger musst Du machen. Sobald das Pferd wieder gelassen ist, beendest Du die Aufgabe ... und beginnst erneut, wenn das Tier wieder hektisch wird. Lässt sich das Pferd partout nicht beruhigen, solltest Du besser absteigen und das Pferd führen, bis es sich wieder sicher fühlt. Grundsätzlich muss der Reiter das Pferd davon überzeugen, dass er nicht Feind, sondern Freund ist. Gewinnst Du das Vertrauen Deines Pferdes, wird es Dir gerne folgen.

Right Brain introvertiert: Spielerische Überholmanöver machen diese Pferde im Gelände sicher (Beispielbild).

Right Brain introvertiert

Diese Pferde ziehen sich gerne in ihr Schnecken-haus zurück. Bei Überforderung erstarren sie, in-dem sie still stehen bleiben, kaum blinzeln und flach atmen. Wird der Druck zu groß, können sie explodieren. Es ist wichtig, dass der Mensch alles sehr langsam mit ihnen macht, viele Wieder-holungen einbaut und dem Pferd genügend Zeit zum Nachdenken gibt. Zeichen der Entspannung sind beispielsweise Lecken und Kauen.

Diese Pferde bleiben häufig im Gelände stehen, z.B. an Kreuzungen oder wenn sie etwas in der Ferne erspäht haben. Der Reiter sollte das Pferd in diesen Momenten nicht vorwärts drängen, son-dern abwarten, bis das Tier sich entspannt. Diese Geduld und Rücksichtnahme lohnt sich. Sobald das Pferd merkt, dass der Mensch ihm zuhört und auf ihn eingeht, wird es ihm von sich aus mehr anbieten.

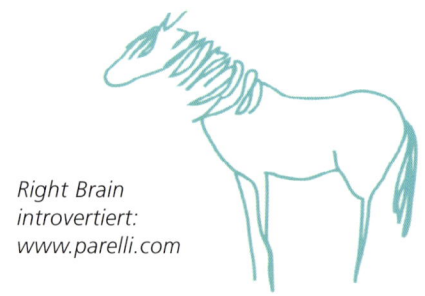

Right Brain introvertiert: www.parelli.com

Die Autoren und ihre Pferde – Sandra Gockenbach und Willi

»Im Frühjahr 2004 habe ich mir meinen Haflingerwallach Willi gekauft. Ich wollte ein ausgeglichenes Freizeitpferd für Feierabend- und Wochenendausritte an meiner Seite haben. Doch ziemlich schnell stellte sich heraus, dass genau das mit uns beiden gar nicht funktionierte. Am Boden war Willi sehr rüpelhaft; im Gelände wurde er immer ängstlicher und passte sich mir als grundsätzlich eher ängstlicher Reiterin mehr und mehr an. Bis wir beide nach mehreren brenzligen Situationen definitiv keinen Spaß mehr beim Ausreiten hatten.

2008 haben wir beide mit Parelli Natural Horsemanship begonnen. Das veränderte unsere Partnerschaft grundlegend! Durch die Basis am Boden lernte ich, mein eher dominantes introvertiertes Pferd besser zu führen und die Alpharolle in unserer Partnerschaft zu übernehmen. Das wiederum führte dazu, dass Willi begann, mir im Gelände zu vertrauen. Er merkte, dass ich auch dort auf uns beide aufpassen kann. Ich lernte in einem zweiten Schritt, mehr Verantwortung ans Pferd abzugeben und wiederum ihm zu vertrauen, so dass ich nicht ständig »Babysitter« für ihn spielen musste.

Es dauerte noch zirka ein Jahr und es war endlich möglich – so wie ich es mir ursprünglich erträumt hatte – entspannt und harmonisch, in jeder Gangart, in der Gruppe und alleine auszureiten. Und es stellte sich heraus, dass Willi eigentlich genauso viel Freude wie ich daran hat, durch den Wald zu bummeln. Allerdings muss er bis heute wissen, dass ich in der Lage bin, Entscheidungen für uns zu treffen. Besonders stolz bin ich darauf, wie er mir heute hilft, im täglichen Training Sicherheit und Vertrauen im Gelände anderen unsicheren Reiter-Pferd-Paaren zu vermitteln!«

Die Autoren und ihre Pferde – Christiane Wehnert und Shimounah

»Meine Araberstute Shimounah ist von Natur aus sehr temperamentvoll und bewegungsfreudig. Sie lebt mit anderen Pferden in einem großen Offenstall. Wenn sie unsicher ist, gerät sie leicht in Panik. Das kann schon passieren, wenn ihre beste Pferdefreundin fürs Training aus der Herde genommen wird. Gleiches gilt, wenn Shimounah die Herde verlässt. Meine größte Aufgabe besteht darin, ihr ständig die Sicherheit zu geben, die sie braucht, um ruhig und mir gegenüber aufmerksam zu bleiben. Das klappt im Stall beim Putzen und Training auf dem Reitplatz sehr gut.

Beim Ausreiten bleibt sie oft auf den ersten Metern stehen und schaut mit hoch erhobenem Kopf in die Ferne. Als ich es noch nicht besser wusste, habe ich sie in diesen Momenten vorwärts gedrängt, ganz nach dem Motto: »Der Mensch macht die Ansage!« Daraufhin wurde sie meist hektisch. Jetzt akzeptiere ich, wenn sie stehen bleibt und gebe ihr die Zeit, die sie zum Gucken benötigt. Das hat mich zugegebenermaßen anfangs genervt, weil ich so gerne sofort weiter geritten wäre. Aber dann stellten sich die ersten Erfolge ein: Shimounah bleibt jetzt immer seltener stehen.

Nach dem ersten Trab legt Shimounah oft ein flottes Tempo ein und geht mutig voran, ohne erneut stehen zu bleiben. Für mich persönlich ist die Geschwindigkeit meist zu schnell und als ich es nicht besser wusste, habe

Mit einem sicheren Kumpel im Gelände lässt sich überdies mehr Routine entwickeln. Durch spielerische Überholungsübungen wird das Right Brain introvertierte-Pferd Schritt für Schritt sicherer (ab Seite 140ff – Gruppenübungen).

Exkurs:
Die Persönlichkeit des Menschen
So bekommt man die Gelände-Wünsche von Pferd und Reiter unter einen Hut.

Wie stellst Du Dir einen Traumausritt vor? Überlege, was Dir bei einem Ausflug ins Gelände wichtig ist. Manche Reiter wollen nach Feierabend nur gemütlich eine Runde um den Block zockeln, ich auf fast jedem Ausritt einen kleinen Kampf mit ihr ausgefochten, damit sie langsamer geht. Das hat die Situation meist nur verschlimmert. Häufig bin ich dann abgestiegen und habe Shimounah nach Hause geführt. Heute, wenn ich merke, dass sie das Tempo anzieht, erlaube ich es ihr und beschäftige sie mit Aufgaben wie zum Beispiel Tempowechsel. Ich fordere dann ein noch höheres Tempo als Shimounah von sich aus anbietet.

Im Schritt fühle ich mich dabei am sichersten. Nach ein paar Schritten wird Shimounah dann oft von selbst langsamer. Dieser Zustand ist aber meist nur von kurzer Dauer. Also spiele ich das Spiel eine ganze Zeit weiter. Die Tempowechsel beruhigen Shimounah langfristig und je nach Tagesform beenden wir den Ausritt wieder in einem ganz entspannten, langsamen Schritt.

Sandra und Ralf haben meine Einstellung zu Pferden und somit auch meinen Umgang mit den Tieren grundsätzlich verändert. Dafür bin ich den beiden sehr dankbar. Ich kann nur jedem Reiter ans Herz legen, Horsemanship zu leben. Man bekommt vom Pferd so viel zurück, wenn man die Wünsche des Pferds ehrlich analysiert und respektiert. Dafür ist es im Übrigen nie zu spät. Das Pferd wird es Dir immer danken.«

andere macht ein schneller Galopp übers Feld glücklich. Werde Dir bewusst, auf was es Dir im Gelände ankommt.

Überlege nun, wie sich die Wünsche von Dir und Deinem Pferd beim Ausreiten vereinbaren lassen. Im besten Fall habt Ihr beide die gleichen Bedürfnisse. Schwierig wird es, wenn die Wünsche nicht deckungsgleich sind. Ein Beispiel: Dein Pferd will Action im Gelände, Du willst nur eine gemütliche Schritt-Runde genießen. In diesem Fall liegt ein Interessenskonflikt vor. Setzt der Reiter seinen Willen knallhart durch, sind Oppositionsreflexe und somit gefährliche Situationen vorprogrammiert.

Grundsätzlich kann jedes Pferd-Reiter-Paar glücklich werden, selbst wenn die Wünsche im Gelände

Der Traum vieler Reiter: ein frischer, entspannter Galopp mit einem gelassenen Pferd übers Feld.

noch so weit auseinanderklaffen. Der Haken an der Sache ist nur, dass sich Dein Pferd nur bedingt anpassen kann. Nur wenige Prozent der Persönlichkeit des Pferdes können durch gezielte Übungen, wie Du sie in diesem Buch findest, verändert werden. Hat das Pferd beispielsweise Angst vor einem parkenden Auto im Gelände, kann man es mit der richtigen Strategie relativ entspannt an der vermeintlichen Gefahr vorbeidirigieren. Je mehr Situationen dieser Art man gemeinsam bewältigt, desto entspannter wird das Pferd. Grundsätzlich wird das Tier aber immer eine gewisse

Skepsis beibehalten. Das ist seine ureigenste Persönlichkeit.

Ansonsten bleibt nur übrig, dass sich der Reiter dem Pferd anpasst. Je nach Typ Mensch fällt das dem einen Reiter leichter als dem anderen. Von Natur aus selbstbewusste und in sich ruhende Menschen können erfahrungsgemäß gut damit leben, auch mal das Pferd entscheiden zu lassen. Macht das Pferd gegebenenfalls einen Satz im Gelände, bleibt dieser Reiter entspannt sitzen. Die Coolness überträgt sich aufs Pferd. Dieser

Die Basis für ein erfolgreiches Training

Bei allen Tipps, die wir in diesem Buch geben, gehen wir davon aus, dass Dein Pferd gesund ist. Darüber hinaus sind diese Dinge für Pferde extrem wichtig und unserer Ansicht nach die Grundlage für ein erfolgreiches Training:

1. Haltung

Die Haltungsform muss die Grundbedürfnisse von Pferden wie Sicherheit, Komfort, Spiel und Futter befriedigen. Unsere Pferde leben mit ihren Kumpels ganzjährig auf großen Weiden rund um den Hof. Dadurch sind unsere Tiere sehr ausgeglichen. Holt der Mensch das Pferd fürs Training aus der Herde, muss er die Verantwortung fürs Pferd übernehmen und dafür Sorge tragen, dass die Grundbedürfnisse des Pferds befriedigt werden.

2. Equipment

Ebenfalls wichtig für ein erfolgreiches Training ist passendes Equipment. Sattel und Trense müssen gut sitzen und dürfen nicht zwicken. Wir verzichten darüber hinaus komplett auf Hilfszügel, unter anderem weil man damit den Ausdruck des Pferds nicht richtig erkennen kann.

3. Mensch

Auch der Einfluss des Menschen ist enorm wichtig. Sei immer freundlich – aus Pferdesicht wohl bemerkt. Ein Klopfen am Pferdehals verstehen manche Menschen als eine nette Geste, viele Pferde fühlen sich dadurch aber eher bedrängt.

Lasse zusätzlich Deinen Sitz im Sattel von einem Experten checken. Sitzfehler können dazu führen, dass Du zwar alle Tipps vom Prinzip her richtig ausführst, die Signale beim Pferd aber falsch ankommen.

Reitertyp wirkt auf das Pferd als habe er einen Plan. Seine Wünsche formuliert er deutlich und klar.

Unsichere Reiter hingegen verspannen sich oft schon beim leisesten Geräusch im Wald. Sitzen sie auf einem ängstlichen Pferd, kann das gefährlich werden. Auch die Kommunikation mit dem Pferd ist anders: Sie tendieren dazu, das Pferd zu zaghaft zu fragen, so dass es sie nicht als einen ernstzunehmenden Partner ansieht.

Sei Dir daher umso bewusster, welcher Typ Mensch Du bist, welche Persönlichkeit Dein Pferd hat und versuche Dich den Bedürfnissen Deines Pferdes anzupassen. Aus eigener Erfahrung können wir jedem Reiter nur ans Herz legen, sich seiner Persönlichkeit bewusst zu werden und sich von einem Profi im Umgang mit dem Pferd coachen zu lassen.

Lassen sich die Wünsche von Pferd und Mensch selbst nach einem Coaching partout nicht unter einem Sattel vereinen, solltest Du Dir ein anderes

Jetzt ist das Pferd dran. Es gibt eine Fresspause.

Pferd suchen. Das klingt im ersten Moment hart, langfristig ist es aber das Beste für Mensch und Tier. Ansonsten riskierst Du, dass Dein Pferd unzufrieden wird, und Du bist frustriert, weil Dein Pferd nicht die gewünschte Leistung bringt. Gleiches droht, wenn es Dir Deine Lebenssituation nicht erlaubt, Dein Pferd so zu trainieren, wie es die Situation erfordert – z.B. aus Zeitgründen.

Das ist die bittere Wahrheit. Wahr ist aber auch, dass es zwar ungewohnt sein kann, sich auf die Wünsche seines Pferdes einzulassen, man dafür aber von Tag zu Tag immer mehr Spaß mit seinem Vierbeiner hat und zu einem echten Team zusammenwächst.

All das bedeutet jedoch nicht, sich als Reiter komplett aufzugeben und dem Pferd alles zu erlauben. Das kann natürlich gefährlich werden, beispielsweise, wenn das Tier auf eine viel befahrene Straße stürmt. In solchen Situationen muss der Mensch seinen Willen durchsetzen und das Pferd stoppen. Er übernimmt in diesem Moment 100 Prozent der Führung.

Apropos Führung: Reflektiere am Ende des Tages oder am Ende einer Woche, wie viel Prozent der Führung Du insgesamt übernommen und wie viel Prozent Du Deinen Pferd zugesprochen hast. Wir empfehlen, dass der Reiter durchschnittlich 51 Prozent und das Pferd 49 Prozent führt. Hast Du beispielsweise in einem kritischen Moment 100 Prozent der Führung übernommen, solltest Du das wieder ausgleichen. Die Kunst besteht darin, dem Pferd möglichst viel Führung zuzusprechen und ihm Dinge zu erlauben, trotzdem aber sein übergeordnetes Ziel zu verfolgen. Du wirst sehen, ein Ausritt, eine Trainingseinheit auf dem Reitplatz und auch der Alltag werden so viel schöner, wenn man die Zeit gemeinsam gestaltet.

Übungsprogramm für entspannte Ausritte

Training fürs Gelände

Willst Du mit Deinem Pferd ein echtes Team sein oder wollt Ihr ein Leben lang gegeneinander kämpfen? Ob Ausflug ins Gelände, Training in der Halle oder Sonntagsspaziergang, wer bei den gemeinsamen Aktivitäten auch die Wünsche des Pferdes mit berücksichtigt, hat mehr Spaß mit seinem Vierbeiner und macht gemeinsam größere Fortschritte.

Training fürs Gelände

Einleitung

In diesem Kapitel findest Du ein Übungsprogramm, wie Du jedes Pferd entsprechend seiner
Persönlichkeit (Wie Du den Charakter Deines Pferdes bestimmst, erfährst Du ab Seite 24ff) aufs Ausreiten vorbereitest, so dass Du im Gelände einen
verlässlichen, zufriedenen und gelassenen Partner
an Deiner Seite hast.

Schritt für Schritt erklären wir Übungen, die Du
zunächst zu Hause mit Deinem Pferd übst. Klappt
das, geht's langsam aber sicher vom Hof. Auch
dazu liefern wir Dir Anregungen, wie Du dabei am
besten vorgehen kannst.

Grundsätzlich erklären wir für jede Übung immer
eine Variante. Fakt ist aber: Für alle Aufgaben gibt
es stets mehrere Möglichkeiten. Alle aufzuzählen,
würde jedoch den Rahmen dieses Buchs sprengen.
Gleiches gilt für Probleme und deren Lösungen,
die von Pferd zu Pferd variieren können.

Bevor wir mit dem Horsemanship-Training starten,
haben wir noch ein paar wichtige Gedanken zum
Ausreiten für Dich:

Raus aus dem Stall, ab ins Gelände –
Welche Bedeutung hat dieser Schritt für
mein Pferd?

Wenn Du mit Deinem Pferd den Stall verlässt,
kann das eine große Herausforderung für das Tier
sein. Für das Pferd bedeutet der Ausflug ins Grün:
Raus aus der Sicherheit (= das bekannte Umfeld

*Ab ins Gelände: Nicht alle Pferde sind auf den
ersten Metern nach dem Hoftor so entspannt
wie Haflinger Willi.*

Damit sich Pferd und Reiter im Gelände gut verständigen können, müssen sie miteinander kommunizieren. Das geht beispielsweise über Zügelhilfen.

wie den Stall), rein in die Unsicherheit (= das unbekannte Gelände).

Um zu verstehen, warum dieser Schritt für Pferde eine große Herausforderung sein kann, werfen wir einen Blick auf das arttypische Grundverhalten der Tiere, das sich über viele Millionen Jahre im Kopf der Pferde festgesetzt hat: Pferde sind von Natur aus Flucht- und Herdentiere. Flucht ist die erste Reaktion auf Angst, Schreck oder Bedrohung. Dank diesem Verhalten haben Pferde über Millionen von Jahren in der Steppe überlebt. Die Herde bietet zusätzlichen Schutz vor Gefahren. Bekanntlich sehen und hören viele Ohren und Augen mehr als nur die Sinnesorgane eines einzelnen Tiers. Obwohl unsere Pferde schon seit etwa 5.000 Jahren in der sicheren Obhut des Menschen leben, hat sich an diesem grundlegenden Verhalten im

Kopf der Tiere nichts geändert. Je nach Pferd ist dieses arttypische Verhalten stärker oder schwächer ausgeprägt.

Was bedeutet das für einen Ausritt? Auf den ersten Blick ergibt es für das Pferd keinen Sinn, sich vom sicheren Stallumfeld und von seiner Herde, die ihm Schutz bietet, zu entfernen. In der Natur lauern schließlich überall Gefahren. Zumindest denkt das Pferd das. Wir Menschen wissen natürlich besser, dass in unseren Wäldern keine Säbelzahntiger oder andere Raubtiere leben, die dem Pferd gefährlich werden könnten.

Damit das Pferd mit uns entspannt und gerne rausgeht, braucht es daher eine gute Partnerschaft zwischen Mensch und Tier als Basis. Vertrauen ist hier das richtige Stichwort. Draußen bilden Pferd

Spannender Test: Wie viel Prozent der Energie habe ich als Reiter unter Kontrolle?

und Mensch quasi eine Zweierherde. Sieht das Pferd in seinem Menschen einen verlässlichen Anführer, vertraut es ihm auch in der Fremde.

Wie man eine gute Partnerschaft mit seinem Pferd entwickelt, erfährst Du ab Seite 67ff – Sieben Spiele).

Sprechen wir die gleiche Sprache? – Die Hilfen des Reiters beim Ausreiten

Pferd und Mensch müssen die gleiche Sprache sprechen, damit sie sich draußen gut verständigen können und der Reiter die Energie des Pferdes mit seinen Hilfen leicht kontrollieren kann.

Warum ist das wichtig? Immer wieder berichten Reiter über brenzlige Situationen oder sogar von Unfällen im Gelände. Häufig gibt es solche Schreckmomente, weil der Reiter die Energie des Pferdes tatsächlich nur etwa zu 20 bis 30 Prozent unter Kontrolle hat. Drastisch ausgedrückt bedeutet das: Im Gelände sitzen viele Reiter bildlich gesprochen auf einem Pulverfass, das explodieren kann, sobald beispielsweise ein Vogel aus dem Gebüsch fliegt oder ein Auto um die Ecke biegt.

Wie sieht es bei Dir und Deinem Pferd aus? Wie viel Prozent der Energie Deines Pferdes hast Du unter Kontrolle? Dazu kannst Du dieses gedankliche Experiment machen: Stell Dir vor, Du reitest im vollen Galopp mit Deinem Pferd durchs Gelände. Überlege, wie leicht Du Dein Pferd in dieser Situation anhalten könntest. Sei dabei ehrlich zu Dir selbst. Wessen Tier schon allein durch eine veränderte Körperhaltung stoppt, der hat sein Pferd gut im Griff. Ihr sprecht die gleiche Sprache und das Tier ist super mit Dir verbunden. Hält das Pferd erst unter heftiger Zügeleinwirkung an, dann deutet das auf die beschriebenen 20 bis 30 Prozent hin. Wenn Du mit solch einem Pferd ausreitest, ist jeder Ausflug ins Gelände mehr oder weniger ein Glückspiel. Mal geht alles gut, mal kommt Ihr an gefährliche Grenzen.

Mit dem Pferd einen Dialog führen

Uns ist es wichtig zu betonen, dass wir uns beim Training stets in einem engen Austausch mit dem Pferd befinden. Wir führen einen Dialog mit dem Tier. Was bedeutet das?

Wir hören unseren Pferden zu, indem wir stets ihr Verhalten auf unsere Anwesenheit und unsere Hilfen wahrnehmen, analysieren und darauf eingehen. Gleichzeitig kommunizieren wir mit dem Pferd über unsere Körpersprache und andere Hilfen wie beispielsweise ein Schütteln am Seil oder Paraden am Zügel.

Es ist keine Schande, wenn sich Dein Pferd noch nicht mit feinen Hilfen stoppen lässt. In diesem Buch bekommst Du viele Tipps, wie Du die Energie Deines Pferdes im Sattel bald besser unter Kontrolle hast und sie positiv nutzt (ab Seite 121ff – Reit-Basics). Auch ganz wichtig hierbei ist: Wie bleibt mein Pferd selbst in brenzligen Situationen ansprechbar?

Angst im Kopf – Wie bleibt der Reiter entspannt im Sattel?

Hand aufs Herz: Wem wird im Gelände nicht auch manchmal mulmig? Vielen Reitern geht es so. Das ist nur verständlich, vor allem wenn man mal einen fiesen Schreckmoment mit seinem Pferd durchgemacht hat. Solche Situationen brennen sich im Kopf des Reiters ein – und unser Gehirn spult diesen Film bei ähnlichen Situationen wieder ab. Ein Beispiel: Beim Ausreiten wird man im Sattel immer an derselben Stelle unsicher, an der das Pferd sich vor Wochen erschreckt hat und zur Seite gesprungen ist.

Die Gedanken im Kopf und die damit verbundene Anspannung kann der Reiter nicht vertuschen. Das Pferd spürt sehr genau, wenn man unruhig im Sattel sitzt und ist so auch anfälliger für weitere Schreckmomente. Daher macht es keinen Sinn, Mut vorzutäuschen und trotz weicher Knie ausreiten zu gehen. In einer brenzligen Situation wären Mensch und Pferd überfordert.

Bleibt der Reiter stattdessen entspannt im Sattel, lässt sich auch das Pferd nicht so schnell aus der Ruhe bringen. Leichter gesagt als getan. Mit unseren Übungen ab Seite 121 – Reit-Basics machen wir ängstliche Reiter geländesicherer.

Knotenhalfter beim Reiten

Du stellst Dir vielleicht die Frage, warum Du zum Reiten kein Knotenhalfter brauchst, schließlich sieht man viele Horsemanship-Leute damit reiten. Wir empfehlen das Knotenhalfter nur Personen, die wir beim Training selbst anleiten können. Die richtige Handhabung mit dem Knotenhalfter beim Reiten will gelernt sein und wird häufig unterschätzt.

Grundsätzlich empfehlen wir, bei der Ausbildung eines Pferdes eine Trense zu verwenden, weil man damit genauer, feiner und direkter Signale geben kann. Ein Knotenhalfter dient in erster Linie der Schulung des Reiters, wenn dieser beispielsweise lernen soll, zügelunabhängiger zu reiten.

Das richtige Equipment fürs Training

Für die Übungen am Boden benötigst Du folgende Hilfsmittel:

1. Knotenhalfter

Wir empfehlen, bei der Bodenarbeit ein Knotenhalfter zu verwenden. Warum ist ein Knotenhalfter besser als ein normales Stallhalfter? Das Knotenhalfter überträgt Deine Signale, z.B. ein leichtes Schütteln am Seil, präzise ans Pferd. Ein breites Stallhalfter – womöglich noch mit Fell oder Neopren gepolstert – kann feine Hilfen kaum so exakt weitergeben.

Entscheidend ist darüber hinaus die Passform des Knotenhalfters. Beim Kauf solltest Du auch darauf achten, dass das Knotenhalfter weich, anschmiegsam, angenehm zu tragen und schweißfest (selbst nach mehrmaligem Gebrauch) ist.

2. Strick

Für die Übungen benötigst Du zwei Seile mit unterschiedlicher Länge:
- ein etwa 4 Meter langes Arbeitsseil – zum Führen und für die ersten Übungen am Boden
- ein etwa 7 Meter langes Arbeitsseil – für weiterführende Übungen am Boden

3. Carrot-Stick

Dabei handelt es sich um einen Stab von 1,2 Metern Länge mit einem sogenannten Savvy-String (= dünnes Seilchen, das am Ende des Sticks befestigt wird). Der Horsemanship-Stick ist keine Gerte, sondern ist vielmehr der verlängerte Arm des Menschen. Der Stab dient der Kommunikation mit dem Pferd. Damit können wir das Pferd auf Distanz loben (beispielsweise durch Abstreichen), unsere persönliche Zone schützen und wir bekommen die gleiche Körperlänge wie das Pferd, wenn wir den Stab vor oder hinter das Pferd führen.

Es gibt den Carrot-Stick in verschiedenen Farben. Ob orange, grün oder pink, wähle die Farbe, die zu Dir und Deinem Pferd am besten passt.

Für die Reit-Übungen benötigst Du diese Hilfsmittel:

1. Trense

Für unsere Übungen in diesem Buch benötigst Du eine Trense mit einem einfach gebrochenen Gebiss und einem Kinnriemen. Um die Reaktion vom Pferd auf Deine Hilfen besser zu erkennen, empfehlen wir, auf Nasen- und Sperrriemen zu verzichten. So kann das Pferd auch mal das Maul aufmachen, wenn eine Zügelhilfe zu stark war, und Du siehst die Reaktion sofort. Kurzum: Du bekommst also ein besseres Feedback vom Pferd auf Deine Hilfen.

Wichtig ist, dass Trense und Gebiss dem Pferd passen, das Material nicht zwickt oder am Pferdekopf schlackert.

Zu den Zügeln: Verwende am besten Horsemanship-Zügel, die aus einem Seil gefertigt sind. Zusätzlich raten wir, so genannte Slobbers aus Leder zu verwenden (= Verbindung zwischen Zügeln und Gebiss – siehe Bild oben).

2. Sattel

Ob Du einen Western- oder einen Englischsattel für Dein Pferd hast, ist egal fürs Training. Wichtig ist nur, dass der Sattel sich fürs Geländereiten eignet. Ein Beispiel: Mit einem Vielseitigkeitssattel lässt es sich besser ausreiten als mit einem Sattel, der speziell fürs Training von Dressurlektionen konstruiert wurde, indem er dem Reiter einen besonders tiefen Sitz ermöglicht. Ebenfalls wichtig: Das Equipment muss dem Pferd optimal passen.

Bitte beachten

Jedes Hilfsmittel ist nur so fein wie es der Reiter einsetzt. Der richtige Umgang mit Knotenhalfter, Carrot-Stick und Co. wird in diesem Buch beschrieben. Wer das Equipment so einsetzt, dass es dem Pferd Schmerzen oder Verletzungen zufügt, der geht damit falsch um und sollte sich den richtigen Umgang von einem Profi zeigen lassen.

3. Carrot-Stick
Auch beim Reiten nutzen wir einen Horsemanship-Stick. Für die Reit-Übungen kannst Du allerdings den String, also das Seilchen, vom Stab entfernen und es dem Pferd um den Hals binden. Das dient als zusätzliches Kommunikationsmittel. Mit dem Seilchen um den Pferdehals kannst Du beispielsweise dem Tier die Richtung weisen oder das Tempo verlangsamen.

4. Helm und Sicherheitsweste
Die Sicherheit des Reiters liegt uns bei allen Übungen am Herzen. Deswegen empfehlen wir das Tragen eines Helms, der aktuellen Sicherheitsnormen entspricht. Eine Sicherheitsweste bietet zusätzlichen Schutz.

Alle Hilfsmittel (bis auf Helm, Sicherheitsweste und Sattel) gibt es beispielsweise von Parelli. Alle Produkte findest Du unter: www.birkenhof-heil.de

Basiswissen zu den natürlichen Hilfen
Horsemanship-Hilfen sind sehr effektiv. Darüber hinaus fördern natürliche Hilfen den Dialog zwischen Pferd und Reiter. Ob Vorwärts, Seitwärts oder Anhalten, ob am Boden oder später im Sattel, bei jeder Aufgabe fragst Du das Tier zunächst auf die freundlichste Art und Weise, ob es Deinem

Wunsch nachkommen möchte. Reagiert es darauf nicht, fragst Du etwas bestimmter ... und noch etwas bestimmter ... und noch etwas bestimmter bis das Pferd die gewünschte Reaktion zeigt.

Im Horsemanship-Training bezeichnet man die freundlichste Frage sowie die darauffolgenden bestimmteren Aufforderungen ans Pferd als sogenannte Phasen. In der Regel ist jedes Signal aus vier Phasen aufgebaut. Phase 1 wird bis zu Phase 4 systematisch gesteigert, bis das Pferd reagiert. Die Phasen geben dem Pferd Zeit zum Nachdenken und zum Antworten. Mit etwas Übung weiß das Pferd dann, was kommt, bevor es kommt. So erreichst Du eine ganz feine Kommunikation. Viele Pferde reagieren mit etwas Übung bereits auf Phase 1, die freundlichste Frage.

Die Phasen basieren darauf, wie Pferde miteinander kommunizieren, deswegen bezeichnen wir die Hilfen auch als natürliche Hilfen. Ein Beispiel, um zu verdeutlichen, was wir meinen: Wenn ein Pferd ein anderes von einem tollen Futterplatz vertreiben will, nutzt es beispielsweise diese Phasen:

- Phase 1 – Das Pferd nimmt die Ohren zurück.
- Phase 2 – Das Pferd hebt den Kopf.
- Phase 3 – Das Pferd lupft das Hinterbein.
- Phase 4 – Das Pferd keilt aus.
  Phase 4 kann allerdings auch ein Biss sein. Häufig kommt es zu einem Körperkontakt.

Beobachte Dein Pferd in der Herde: Es wird oft genug bereits auf Phase 1 oder 2 eines anderen Pferdes reagieren, um Schlimmeres zu vermeiden. Das Pferd weiß also, was kommt, bevor es kommt.

Nutzen wir dieses Verhalten, um mit unserem Pferd natürlich zu kommunizieren. So funktioniert's zwischen Mensch und Pferd:

Phase 1

Frage das Pferd immer zuerst so freundlich wie es nur geht, das zu tun, was Du gerne möchtest. Diese höfliche Frage nennt man im Parelli-Ausbildungssystem Phase 1.

Ein Beispiel: Aus dem Stand im Schritt anreiten. Die freundlichste Frage wäre, den Blick in die Richtung zu wenden, in die Du reiten möchtest, den eigenen Körper in eine positive Anspannung zu

Araber Shimounah reagiert auf feinste körpersprachliche Hilfen. Sie kreuzt die Vorderbeine.

Bereit zum Anreiten: Der Reiter baut eine positive Anspannung im Sattel auf (Phase 1).

Anreiten – Phase 4:
Der Reiter hebt den Stick an.

bringen und selbst schon im Sattel die Schritt-bewegung leicht zu imitieren.

Phasen 2 bis 4

Reagiert das Pferd nicht auf Deine netteste Frage (= Phase 1), formulierst Du Deinen Wunsch deutli-cher, indem Du die Phasen systematisch steigerst und konsequent bist, bis das Pferd Deinem Wunsch nachkommt.

Ein Beispiel für die Steigerung der Phasen: Aus dem Schritt anreiten. Unter dem Punkt »Phase 1« ist bereits die freundliche Frage des Reiters for-muliert. Reagiert das Pferd darauf nicht, folgt Phase 2: Du legst die Unterschenkel an den Pfer-debauch, als wolltest Du das Pferd mit den Beinen umarmen. Phase 3: Du klopfst mit der Hand auf

Deinen Oberschenkel. Phase 4: Das Pferd be-kommt mit dem Stick einen Klaps auf die Schulter oder die Kruppe. Würde es selbst darauf nicht rea-gieren, wiederholst Du den Klaps so lange im glei-chen Rhythmus, bis das Pferd losmarschiert.

Ganz wichtig: Das Pferd muss spätestens bei Phase 4 eine Reaktion zeigen, wenngleich es auch anfangs nur eine Gewichtsverlagerung oder ein Mini-Schritt in die richtige Richtung ist. Phase 4 ist jedoch kein Freischein, um dem Pferd den Hintern zu versohlen oder ähnliche gewaltsame Handlun-gen vorzunehmen. Diese Phase ist immer so sanft wie möglich, aber so bestimmt wie nötig. Sie muss auf jeden Fall im Verhältnis zu den vorangegange-nen Phasen stehen. Phase 4 kann dementspre-chend auch mal nur ein freundlicher, ganz leichter Klaps sein, wenn die vorangegangenen Phasen noch schwächer waren. Unter Umständen kann Phase 4 aber auch mal sehr deutlich formuliert sein.

So gelingen die Phasen – fünf wichtige Faktoren

Länge der Phasen: Wie viel Zeit zwischen den einzelnen Phasen vergeht, ist individuell verschie-den, als Faustformel kannst Du für jede Phase zunächst etwa drei Sekunden ansetzen (im Parelli-Ausbildungsprogramm ist das Level 1). Abhängig von der Übung, dem Menschen, der Erfahrung des Pferdes sowie der Situation kann diese Zeit variieren. Fortgeschrittene Pferde (auf Level 2-Niveau), die eine geforderte Übung bereits kennen, bekommen hingegen eine lange Phase 1 und die anderen Phasen folgen dann schneller als in einem Abstand von drei Sekunden aufeinander. Wichtig gerade fürs Ausreiten: Ob Anfänger oder Fortgeschrittener – ist die Sicherheit von Pferd und Mensch gefährdet, wenn das Pferd z.B. durchgeht und auf eine befahrene Straße rennt, dann wird der Reiter sofort bestimmt.

Fokus: Überlege Dir immer vor Beginn jeder Phase 1, welche Reaktion Du vom Pferd haben möchtest. Habe im Kopf ein Bild der perfekten Ausführung und konzentriere Dich darauf. Einzige Bedingung: Das Bild muss zum Ausbildungsstand des Pferdes passen. Ein Beispiel: Als Ziel hast Du Dir das Reiten einer Piaffe gesetzt, Dein Pferd kann die Lektion aber noch gar nicht. Da nutzt es nichts, sich eine perfekte Piaffe vorzustellen, sondern Du musst Dir erst Zwischenschritte überlegen und die richtige Ausführung des jeweiligen Zwischenschritts als Bild im Kopf haben.

Auch bei simplen Alltagssituationen helfen Bilder vor dem inneren Auge wie etwa, dass das Pferd am Putzplatz einen Schritt nach rechts machen soll. Das Pferd spürt genau, welchen Plan wir verfolgen und reagiert daher oft schon auf Phase 1. Aus unserer Erfahrung wissen wir, dass viele Reiter beim Training jedoch nicht bei der Sache sind. Sie denken schon an den nächsten Programmpunkt des Tages wie Einkaufen oder Kochen. Das Pferd merkt das genau und reagiert dementsprechend auch nicht auf die freundlichste Frage, weil sie nicht authentisch gestellt wird.

Schritt für Schritt: Je weniger Phasen Du zur Kommunikation mit Deinem Pferd brauchst, desto besser. Ziel ist es, sich so fein wie möglich miteinander zu verständigen. Um das zu erreichen, solltest Du Dein Pferd anfangs selbst für den kleinsten Schritt in die richtige Richtung loben. Es muss Deine Hilfen ja erst verstehen lernen. Das ist wie das Kinderspiel »Heiß oder Kalt«. Reagiert das Pferd auch nur ansatzweise richtig, gibst Du nach, lobst das Pferd und es bekommt eine Pause (siehe Pause – nächster Punkt).

Auf längere Sicht möchte man das Pferd freilich nicht nach jedem Schritt in die richtige Richtung loben. Mit etwas Übung kannst Du vom Pferd später auch mehrere Schritte auf einmal verlangen. Dazu gehst Du während der richtig ausgeführten Bewegung zurück zu Phase 1. So signalisierst Du dem Pferd, dass es zwar alles gut macht und Du deswegen die Phase runter schaltest, die Übung aber noch nicht beendet ist. Im besten Fall versteht das Pferd, dass es weitermachen soll und geht einen weiteren Schritt in die richtige

Pausen sind wichtig, denn Pferde verinnerlichen Gelerntes vor allem beim Nichtstun.

Richtung. Falls nicht, musst Du die Phasen wieder systematisch steigern. Sobald das Pferd wieder richtig reagiert, gehst Du zurück in Phase 1. Nähere Dich so Schritt für Schritt Deinem Ziel. Mit etwas Übung wird die Abfolge mehrerer Schritte immer selbstverständlicher und das Pferd hört aufmerksam zu, welche Schrittanzahl Du Dir dieses Mal als Ziel gesetzt hast.

Pausen: Pausen sind super wichtig, denn Pferde verinnerlichen Gelerntes vor allem beim Nichtstun. Die Länge der Pause bestimmt dabei nicht der Mensch, sondern das Tier. Woran erkennt man, dass das Pferd genug vom Nichtstun hat? Pferde, die eher Left Brain-Typen sind, wird die Pause irgendwann zu langweilig. Sie schauen sich beispielsweise um. Das ist der Zeitpunkt, wo Du dem Pferd wieder eine neue Aufgabe geben kannst.

Pferde, die eher Right Brain-Typen sind, pausieren bis sie sich entspannen. Das erkennst Du am Verhalten des Pferdes: Das Tier senkt beispielsweise den Kopf, leckt und kaut.

Loben: Belohne das Pferd für richtige Reaktionen mit einem freundlichen Blick, einem lieben Wort, dem Freundschaftsspiel (siehe Seite 71, Spiel #1)

Eine Form des Lobes: Streicheleinheiten.

und/oder einer Streicheleinheit – je nachdem, welches Lob Dein Pferd am meisten motiviert. Auch Pausen können eine Form von Lob sein, andere Tiere freuen sich über eine Knabber-Pause an einem Heusack, den Du auf dem Reitplatz in einer Ecke aufhängen kannst, oder über einen Büschel frisches Gras beim Ausritt. Finde heraus, welche Form der Belohnung Dein Pferd am liebsten mag, und lobe das Tier so oft wie möglich, wenn es sich für Dich anstrengt.

Aller Anfang ist eine freundliche Begrüßung

Starten wir mit unserem Horsemanship-Training. Dazu benötigst Du folgendes Equipment:

- ein Knotenhalfter
- das kurzes Seil
- einen Carrot-Stick mit String

Unser Training beginnt bereits bei der Begrüßung des Pferdes, beim Halftern und Führen auf den ersten Metern. Diese absoluten Basics werden vom Reiter oft nebenbei erledigt und man macht sich als Reiter darüber (fast) keine Gedanken. Diese Basics sind aber super wichtig. Übergeht man an diesem Punkt bereits Probleme wie etwa, dass das Pferd dem Menschen auf der Koppel davonläuft oder beim Halftern den Kopf hochreißt, bauen sich bereits erste Spannungen des Tages in der Beziehung zwischen Pferd und Mensch auf. Das ist keine gute Voraussetzung für einen entspannten Ausritt.

Unsere Empfehlung an alle Reiter lautet daher: Die Basics aus diesem Kapitel müssen sitzen. Dann erst sollte man ans weitere Training denken.

Horseman's Handshake

Der englische Begriff bedeutet übersetzt: der Handschlag des Reiters. Tatsächlich handelt es

Sag »Hallo« zum Pferd: der Horseman's Handshake.

Leckerli sollten nur ein vorrübergehendes Lockmittel sein.

sich hierbei aber um keinen Klaps mit der Hand aufs Tier, sondern um ein Hinhalten der Hand vor die Pferdenase, damit es daran schnuppern kann. Der Horseman's Handshake ist ein Begrüßungsritual.

Ziel:
Pferd und Mensch begrüßen sich freundlich.

So geht's:
Wenn Du Dein Pferd vom Paddock oder von der Weide holst, bleibst Du am Tor stehen und rufst oder pfeifst nach dem Tier, bis es zu Dir kommt. Sobald das Pferd vor Dir steht, streckst Du Deine Hand aus und lässt das Pferd am Handrücken schnuppern. Das ist der Horseman's Handshake.

Typische Probleme, die auftreten können:
Das Pferd kommt nicht zu Dir.
Wer das Pferd jetzt buchstäblich überfällt, indem er hingeht, ihm das Halfter über den Kopf stülpt und es hinter sich her zerrt, benimmt sich in den Augen des Pferdes unhöflich und respektlos. Es ist vergleichsweise so, als packt Dich ein anderer Mensch einfach so am Arm und schleift Dich hinter sich mit. Das würde Dir auch nicht gefallen, oder? Unsere Empfehlung: Grundsätzlich reflektiert das Verhalten des Pferdes Eure Beziehung zueinander. Wenn das Pferd nicht zu Dir kommt, freut es sich nicht, Dich zu sehen. Überlege, woran das liegen könnte. Vielleicht hast Du das Pferd am Vortag nicht fair behandelt? Vielleicht findet es Dich nicht spannend genug? Als Sofort-Hilfe kannst Du das Pferd mit einer Schippe Hafer oder einem anderen Leckerbissen ans Tor locken. Du kannst Dein Pferd auch ignorieren und Dich stattdessen mit den anderen Tieren der Herde beschäftigen, bis Dein Pferd Interesse zeigt. Tatsächlich handelt es sich bei diesen beiden Sofort-Hilfe-Tipps aber um sogenannte Krücken. Darunter verstehen wir Hilfen, die man nur vorübergehend nutzt. Langfristig sollte das Pferd freiwillig und ohne Aussicht auf einen Leckerbissen zu Dir kommen. Dieses Ziel erreichst Du, indem Du Horsemanship zu Deiner Einstellung gegenüber dem Pferd werden lässt und Horsemanship im Alltag lebst.

Halftern – Schritt 2: Der Mensch umarmt das Pferd.

Halftern – Schritt 5: Das Pferd schlüpft mit der Nase ins Knotenhalfter.

Richtig Halftern

Nach einer freundlichen Begrüßung folgt das Halftern. Also schnell dem Pferd das Halfter übern Kopf ziehen und Abmarsch. Stopp! Viele Reiter schenken auch dieser vermeintlichen Nebensächlichkeit kaum Aufmerksamkeit. Dabei kannst Du in diesem kurzen Moment Deinem Pferd bereits einen echten Freundschaftsbeweis liefern.

Ziel:
Das Pferd schlüpft freiwillig ins Halfter.

So geht's:
1. Stelle Dich neben den Pferdekopf.
2. Umarme den Pferdehals. Mit der unteren Hand hältst Du das Halfter, die obere Hand ist frei.
3. Jetzt übergibst Du das Verschlussende des Halfters auf der anderen Halsseite an die obere Hand. Positioniere dann das Nasenteil des Halfters an der Pferdenase, so dass Du den Pferdekopf mit dem offenen Knotenhalfter umschlossen hast.
4. Motiviere das Pferd durch ganz leichten Zug am Knotenhalfter (Phase 1!), den Kopf zu Dir zu drehen und ihn dabei etwas zu senken.
5. Hat das Pferd den Kopf gedreht und gesenkt, löst Du die Umarmung. Halte das Knotenhalfter jetzt so tief, dass das Pferd mit der Nase selbst reinschlüpfen kann.
6. Befindet sich der Pferdekopf im Halfter, wird das Knotenhalfter verschlossen. Das geht so:
a) Führe das Verschlussende übers Genick und dann von hinten durch die Schlaufe des Knotenhalfters.
b) Ziehe das Ende nun nach oben, so dass das Halfter gut anliegt.
c) Führe jetzt das Verschlussende hinter der Schlaufe herum, so dass die Spitze des Endes Richtung Pferdekopf zeigt.

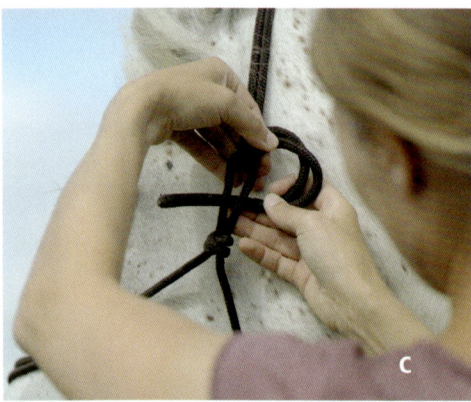

Das Schließen des Knotenhalfters.

d) Führe nun das Seilende durch die neu entstandene Schlaufe und ziehe sie Richtung Pferdehals fest. Fertig!

e) Du hast den Knoten richtiggemacht, wenn er aussieht wie ein kleines d.

Typische Probleme, die auftreten können:

Das Pferd bewegt Kopf und Hals nicht zur Seite.

Fahre die Phasen hoch (Phase 2 bis 4), indem Du mit Deinen Händen bestimmter wirst. Sobald das Pferd ansatzweise richtig reagiert, gibst Du nach, das Pferd bekommt eine Pause und wird gelobt. So versteht es, dass diese Reaktion richtig war. Übe so lange, bis das Pferd den Kopf auf Phase 1 gerne zu Dir dreht. Ehrlicherweise haben wir selten ein Pferd erlebt, bei dem man bei dieser Übung Phase 4 anwenden musste. Sobald die Pferde das Prinzip verstanden haben, drehen Sie schon auf ganz leichten Zug den Kopf.

Das Pferd reißt den Kopf hoch.

Versuche trotzdem, mit dem Halfter am Pferdekopf zu bleiben und Dich nicht vom Tier abschütteln zu lassen, damit das Pferd nicht lernt, die Situation durch dieses Verhalten von sich aus zu lösen. Übe in diesem Moment weder mehr noch weniger Druck aus, bis das Pferd den Kopf wieder senkt.

Beginne dann ganz entspannt mit der Halfterübung. Wer den Kontakt zum Pferdekopf verliert, startet ebenfalls wieder von Anfang an.

Darüber hinaus kannst Du das Senken des Kopfes gezielt mit einer anderen Übung dem Pferd beibringen: Stelle Dich auf Kopfhöhe neben das Pferd. Jetzt bittest Du das Tier, den Kopf zu senken (= Spiel #2, das Stachelschwein-Spiel – siehe Seite 73ff).

- **Phase 1** – Lege zunächst eine Hand sanft aufs Genick, so dass Du nur das Fell spürst.
- **Phase 2** – Übe mit der Hand leichten Druck aus, so dass Du die Pferdehaut fühlst.

Möchtest Du jetzt geputzt werden? Ob das Pferd bereit ist, verrät der Abstreich-Test.

- **Phase 3** – Verstärke den Druck mit den Fingerspitzen.
- **Phase 4** – Bohre Deine Fingerkuppen in die Muskulatur.

Sobald das Pferd den Kopf ansatzweise senkt, streichelst Du das Genick. Übe, bis das Pferd das Prinzip verstanden hat und bereits auf Phase 1 reagiert.

Ist das Pferd gehalftert, geht's zum Putzplatz ...

... aber nicht bei uns! Welche Handlung nach dem Halftern folgt, stimmen wir auf die Persönlichkeit und die Tagesform des Pferdes ab, denn viele Pferde wollen nicht sofort geputzt werden.

So testest Du, ob Dein Pferd bereit zum Putzen ist: Streiche das Pferd nach dem Halftern mit den Händen ab. Lässt es sich gerne am ganzen Körper anfassen? Dann wird es sich wahrscheinlich auch übers Bürsten freuen und Du kannst zum Putzplatz gehen. Lässt sich das Pferd hingegen nicht gerne abstreichen, ist es noch nicht bereit fürs Putzen. Manche Pferde wollen erst eine Runde spazieren gehen oder ein paar Bodenarbeitsübungen absolvieren. Probiere aus, was Deinem Pferd gefällt. Bei Pferden, die sich nicht berühren lassen wollen, können respektbildende Übungen helfen wie beispielsweise Spiel #4, das Jo-Jo-Spiel (ab Seite 87).

Pferde, die sich nicht berühren lassen können, weil sie misstrauisch sind, brauchen vertrauensbildende Übungen wie Spiel #1, das Freundschaftsspiel (ab Seite 71). Teste immer wieder zwischendurch, ob sich das Verhalten Deines Pferdes beim Abstreichen des Fells ändert. Benutze erst einen Striegel, wenn das Pferd Deine Berührung mit der bloßen Hand akzeptiert.

Dieses Vorgehen ist unter Umständen müßig, weil Du Deine Interessen und Dein Ziel für den heutigen Trainingstag in den Hintergrund rücken musst. Dein Plan gerät durcheinander. Die Mühe lohnt sich aber, weil Du die Freundschaft zum Pferd in den Vordergrund stellst und Deine Gewohnheiten hinterfragst.

Pferde entspannt führen

Auch auf den ersten Metern am Führseil lässt sich bereits eine gute Basis fürs gemeinsame Training schaffen. Mit einer einfachen Übung synchronisierst Du Dein Pferd an Deinen Gang, Dein Tempo und Deine Richtung.

Ziel:

Das Pferd folgt dem Menschen gelassen und freiwillig am durchhängenden Strick.

Los geht's:

Stelle Dich auf Kopfhöhe neben das Pferd. Ob Du Dich rechts oder links neben dem Pferd befindest, ist egal. Wir üben das Führen auf beiden Seiten. Den Strick hältst Du mit der Hand, die sich näher am Pferd befindet. Lasse das Seil durchhängen und den Arm locker baumeln. In der anderen Hand hältst Du Deinen Carrot-Stick. Die Spitze zeigt auf den Boden hinter Dir.

So gelingt ein entspanntes Losgehen:

• **Phase 1** – Erhöhe Deine Körperspannung, indem Du Dich großmachst, schaue in die Richtung, in die Du gehen willst, und strecke den Arm mit dem Führseil im 90-Grad-Winkel nach vorne aus. Dann läufst Du los. Auf dem Seil sollte kein Zug sein, vielmehr geht es um Deine Körperspannung und Deinen Fokus. Beides ist eine Einladung ans Pferd Dir zu folgen.

• **Phase 2** – Reagiert das Pferd nicht und bleibt stehen, läufst Du langsam weiter, schaust

Losgehen – Phase 1: Der Mensch lädt das Pferd freundlich ein, ihm zu folgen.

Losgehen – Phase 2: Der Stick kommt dazu.

Wendungen – Phase 2: Der Reiter hebt den Carrot-Stick an.

Antraben – Phase 1: Mensch und Pferd traben an.

weiter in die Richtung, in die Du gehen willst, und hebst den Stick hinter Dir an.

- **Phase 3** – Wackle mit dem Stab auf und ab.
- **Phase 4** – Gib dem Pferd mit dem Stick einen ermutigenden, freundlichen Klaps auf den Bauch oder die Kruppe. Wiederhole den Klaps gegebenenfalls im gleichmäßigen Rhythmus, bis das Tier reagiert. Eventuell muss man dabei etwas bestimmter werden, aber keinesfalls aggressiv.

Nur geradeaus gehen ist meist langweilig und oft gar nicht möglich. Man muss abwenden, anhalten oder für ein paar Schritte das Tempo wechseln. So funktionieren auch diese Manöver:

Wendungen

Dreht der Reiter in seine Richtung, folgen die meisten Pferde automatisch. Was macht man aber, wenn man in die Richtung zum Pferd abwenden möchte? So weicht das Pferd:

- **Phase 1** – Schaue in die Richtung, in die Du gehen möchtest und drehe den Oberkörper (wie beim Reiten). Läute die Wendung ein, indem Du die Richtung einschlägst und Dich dem Pferd näherst.
- **Phase 2** – Laufe weiter und hebe den Carrot-Stick vor Dir an, so dass das Ende zu den Nüstern zeigt.

- **Phase 3** – Wedel mit dem Stab auf und ab.
- **Phase 4** – Der Stick berührt die Pferdenase. Hierbei muss man besonders vorsichtig sein, weil die Tiere am Kopf deutlich empfindlicher sind als beispielsweise am Bauch oder der Kruppe.

Antraben

- **Phase 1** – Fahre Deine Energie im Körper hoch, indem Du Dich großmachst, innerlich bereitmachst, schneller zu laufen, und den Arm, der den Strick hält, nach vorne führst. Dann trabst Du selbst an.
- **Phase 2** – Hebe den Carrot-Stick hinter Dir an.
- **Phase 3** – Wackle mit dem Stab auf und ab.
- **Phase 4** – Gib dem Pferd mit dem Stick einen ermutigenden, freundlichen Klaps auf den Bauch oder die Kruppe. Wiederhole den Klaps gegebenenfalls im gleichmäßigen Rhythmus, bis das Tier antrabt.

Durchparieren

- **Phase 1** – Atme aus und laufe langsamer. Versuche Dich bewusst zu entspannen.
- **Phase 2** – Schüttle ganz sachte am Führseil, indem Du das Seil mit Deinen Fingern leicht bewegst.
- **Phase 3** – Steigere die Intensität des Schüttelns.

Überholt das Pferd den Reiter, dreht sich dieser in eine andere Richtung weg vom Pferd und lässt die Hinterhand weichen.

auf die Kruppe, damit es die Hinterhand dreht und Deinen Weg einschlägt. Schon bist Du wieder vorne und kannst weiterlaufen. Nach ein paar Wiederholungen verstehen die meisten Pferde, dass sie den Menschen nicht überholen sollen.

Das Pferd trödelt.

Motiviere das Pferd schneller vorwärts zu gehen, indem Du die Phasen anwendest, die wir bei den Punkten »Losgehen« oder »Antraben« beschrieben haben. Wichtig ist, dass Du selbst nicht langsamer machst und auch nicht das Pferd anschaust. Lobe das Pferd, wenn es schön neben Dir läuft.

Das Pferd geht auf Kuschelkurs.

Es ist wichtig, dass das Pferd einen respektvollen Abstand zu Dir einhält und eine gewisse Privatzone um Deinen Körper herum achtet. Warum? Das zeigt Deine Stärke als Anführer der Zweierherde. Außerdem vermeidest Du so, dass Dir das Pferd auf den Fuß tritt, Dich schubst, beißt oder im schlimmsten Fall über den Haufen rennt. Wie erklärt man dem Pferd seine Privatzone? Dafür gibt es mehrere Strategien. Wichtig ist immer, dass Du gedanklich nicht das Pferd wegschicken willst, sondern ihm nur Deinen Bereich klarmachst. Das ist ein kleiner, aber feiner Unterschied. Hier ein paar Ideen, wie Du Deine persönliche Grenze dem Pferd erklärst: Zum einen geht das über Körper-

* **Phase 4** – Schwinge das Führseil in einem weiten Bogen hin und her. Dazu kannst Du mit dem Unterarm das Seil nach rechts und links bewegen.

Typische Probleme, die bei allen beschrieben Führ-Übungen auftreten können:

Das Pferd überholt Dich.

Sobald das Pferd an Dir vorbeigegangen ist, drehst Du Dich mit Deinem Körper in eine andere, dem Pferd abgewandte Richtung, und gibst dem Tier mit Deinem Carrot-Stick einen freundlichen Klaps

Mit Hilfe von rhythmischen Auf- und Abbewegungen der Hand kann der Mensch dem Pferd seine persönliche Grenze aufzeigen.

sprache, indem man beispielsweise den Arm, der sich näher am Pferd befindet, anhebt und die Hand im Rhythmus hoch und runter nimmt, bis das Pferd weicht. Du kannst auch mit dem Carrot-Stick arbeiten, der das Pferd von Dir wegtreibt (Phase 1 – Groß machen, Phase 2 – Stick anheben beispielsweise Richtung Schulter, Phase 3 – Mit dem Stick wedeln, Phase 4 – Das Pferd rhythmisch antippen, bis es mit der Vorhand weicht). Wichtig ist, dass Du dabei nicht emotional gegenüber dem Pferd wirst etwa nach dem Motto »Du kleiner Blödmann. Bleib gefälligst auf Abstand«, sondern von den Emotionen her neutral bleibst. Wer ein

Pferd anführen will, wird nicht hektisch oder aggressiv. Das imponiert dem Pferd nicht. Es unterwirft sich vielleicht, wird Dich aber nie als echten Anführer akzeptieren.

Die Sieben Spiele am Boden

In diesem Abschnitt lernst Du die sogenannten Sieben Spiele aus dem Parelli Natural Horsemanship-Ausbildungsprogramm kennen.

Diese Übungen machst Du mit Deinem Pferd zunächst am Boden. Sie sind eine perfekte Vorbe-

NEIN – wenn das Pferd nicht macht, was der Mensch will

Macht das Pferd nicht, was Du möchtest, ist das grundsätzlich nichts Schlimmes. Versuche herauszufinden, warum das Pferd gerade NEIN sagt. Hat es nicht verstanden, was es tun soll? Dann solltest Du Deine Hilfen überprüfen. Vielleicht hast Du Dich nicht klar ausgedrückt oder die falsche Frage gestellt. Oder das Pferd hat zwar verstanden, was es tun soll, kann die gewünschte Übung aber nicht ausführen, weil es sich momentan nicht in der Lage dazu fühlt. Ein Beispiel: Du forderst Dein Pferd auf, durch eine Pfütze zu gehen und es geht drum herum. Vielleicht sagt es NEIN, weil es vor dem vermeintlich tiefen Gewässer Angst hat. Oder das Pferd hat schlichtweg keinen Bock auf Deine Aufgabe. Das solltest Du nicht persönlich nehmen und schon gar nicht überreagieren nach dem Motto »Jetzt erst Recht!« Beobachte Dein Pferd stattdessen und überlege, warum es NEIN sagt.

reitung fürs Ausreiten. Warum? Diese tolle Basis erreichst Du mit den Sieben Spielen:

- Die Spiele festigen die Partnerschaft zwischen Mensch und Pferd, die auf gegenseitigem Respekt und Vertrauen beruht.
- Mit den Spielen lernst Du Dein Pferd noch besser kennen.
- Über die Sieben Spiele etablierst Du eine gemeinsame Sprache zwischen Pferd und Mensch.
- Darüber hinaus schulst Du Dein Pferd, auf feinste Signale richtig zu reagieren. Das sorgt für mehr Kontrolle am Boden und später auch im Sattel.

Die Sieben Spiele im Überblick

Spiel #1 – Freundschaftsspiel (Friendly Game)
Spiel #2 – Stachelschwein-Spiel (Porcupine Game)
Spiel #3 – Bewegungsspiel (Driving Game)

Spiel #1, #2 und #3 sind die Basis-Spiele, quasi das ABC der Pferde. Dabei lernst Du die einzelnen Buchstaben der Kommunikation mit dem Pferd kennen. Kombinierst Du diese drei Spiele, kannst Du im übertragenen Sinn ganze Wörter bilden.

Das sind diese vier Spiele:

Spiel #4 – Jo-Jo-Spiel (Yo-Yo Game)
Spiel #5 – Zirkel-Spiel (Circling Game)
Spiel #6 – Seitwärts-Spiel (Sideways Game)
Spiel #7 – Engpass-Spiel (Squeeze Game)

Freundschaftsspiel (Friendly Game) – Spiel #1

Stachelschwein-Spiel (Porcupine Game) – Spiel #2

Bewegungsspiel (Driving Game) – Spiel #3

Jo-Jo-Spiel (Yo-Yo Game) – Spiel #4

Zirkel-Spiel (Circling Game) – Spiel #5

Seitwärts-Spiel (Sideways Game) – Spiel #6

Engpass-Spiel (Squeeze Game) – Spiel #7

Vertrauen und Respekt sind die Basis einer guten Freundschaft

Vertrauen

Wie erkenne ich, ob das Vertrauen zwischen mir und meinem Pferd stimmt? Wenn das Pferd Dir auf Deine Einladung hin freiwillig, entspannt und zufrieden folgt und Du es auch am Strick vorwegschicken kannst – selbst über eine Plane oder Ähnliches – habt Ihr eine gute Basis. Musst Du das Pferd motivieren, Dir zu folgen oder lässt es sich nicht nach vorne wegschicken, kann es sein, dass das Pferd noch skeptisch ist und Dir noch nicht hundertprozentig vertraut.

Respekt

Unter gegenseitigem Respekt verstehen wir, dass der Reiter die Persönlichkeit des Pferds kennt und darauf entsprechend eingeht. Respektlos wäre es, dem Pferd beispielsweise überfallartig das Halfter über den Kopf zu stülpen, es aus dem Döse-Schlaf zu reißen oder am Putzplatz mit voller Kraft auf die andere Seite zu schubsen. Der Reiter muss immer höflich und fair bleiben. Das Pferd ist respektvoll, wenn es uns ernst nimmt und nicht über den Haufen rennt. Darüber hinaus reagiert das Tier auf unsere Hilfen und weicht beispielsweise auf feine Signale beim Rückwärtsrichten.

Die Sieben Spiele basieren auf dem natürlichen Verhalten von Pferden in einer Herde. Horseman Pat Parelli hat beobachtet, dass Pferde miteinander diese Sieben Spiele spielen. Ein Spiel signalisiert Vertrauen unter den Tieren (Spiel #1), die anderen sechs Spiele werden genutzt, um beispielsweise Herdenmitglieder zu bewegen und sich so den besten Futterplatz zu sichern oder wenn die Stute das Fohlen um sich herum dirigiert. Die Pferde kennen die Sieben Spiele also bereits. Nur wir Menschen müssen die Spiele lernen.

Für jedes Spiel gibt es mehrere Varianten. Wir erklären in diesem Buch für jedes Spiel immer einen Übungsweg. Wichtig ist uns, dass Du das Prinzip verstehst. Einige Variationsmöglichkeiten erwähnen wir beim jeweiligen Spiel – als Inspiration sozusagen. Alle Möglichkeiten aufzuzählen würde jedoch den Rahmen dieses Buchs sprengen.

Zwei, die sich gegenseitig vertrauen und richtig gernhaben: Araberstute Shimounah und Co-Autorin Christiane Wehnert.

Spiel #1
Freundschaftsspiel (Friendly Game)

Dieses Spiel ist das wichtigste der Sieben Spiele. Deswegen steht es auch an erster Stelle. Mit dem Freundschaftsspiel schaffst Du Vertrauen zwischen Pferd und Mensch und machst das Tier mit der Umgebung, mit Geräuschen und Dingen wie einem Carrot-Stick, Fliegenspray oder einer Plane, sowie mit angsteinflößenden Situationen, wie die Begegnung mit einem Traktor bekannt. Das Pferd lernt, irrelevante Dinge zu ignorieren, gelassen zu bleiben und auf Dich zu achten. Durch Dein Verhalten beweist Du dem Pferd, dass es nichts zu befürchten hat und Dir vertrauen kann.

Ganz wichtig: Wir wollen das Pferd mit diesem Spiel nicht desensibilisieren. Es soll weiterhin sensibel bleiben, aber unterscheiden lernen, was unwichtig und was wichtig ist.

Unsere Empfehlung: Sitzt die Basis jedes Spiels, kannst Du kreativ werden.

Los geht's! Schnapp Dir ein Knotenhalfter, den kurzen Strick (etwa 4 Meter lang) und einen Carrot-Stick mit String. Für die ersten Spielerunden empfehlen wir Dir an einem Platz zu üben, wo sich Dein Pferd sicher fühlt wie beispielsweise ein Reitplatz.

Ziel:
Das Pferd vertraut Dir.

**So geht's – die einfachste Version
des Freundschaftsspiels:**
Darfst Du das Pferd mit Deiner Hand überall am Körper berühren?
Stelle Dich auf Kopfhöhe neben das Pferd und lasse den Strick locker hängen. Beginne das Pferd mit einer Hand abzustreichen. Beschäftige Dich

zunächst mit Zone 1. Gehe dann langsam zu Zone 2 über, anschließend folgt Zone 3, dann kommt Zone 4 und zum Schluss beschäftigst Du Dich mit Zone 5 (siehe Abbildung S.73).

Nutze beim Freundschaftsspiel Rhythmus, Pausen und Wiederholungen. Das bedeutet: Berühre das Pferd mit rhythmischen Handbewegungen wie beispielsweise drei Mal an der gleichen Stelle von oben nach unten streichen. Danach legst Du eine Pause ein. Nimm dazu jeglichen Druck weg vom Pferd, also Deine Hand, und entspanne neben dem Tier, indem Du tief ausatmest. Nach einer Pause geht's weiter mit Abstreichen, Pause, Abstreichen, Pause und so weiter.

Ziel ist es, dass sich Dein Pferd überall anfassen lässt – auch am Zahnfleisch, zwischen den Flanken oder unter der Schweifrübe. Es akzeptiert Deine Berührungen ohne Abwehrbewegungen wie Schweifschlagen oder Ohrenanlegen.

Wichtig beim Freundschaftsspiel:
1. Bleibe freundlich, gelassen und lächle das Pferd an. Wenn Du innerlich frustriert bist, weil etwas nicht auf Anhieb klappt, spürt das Pferd das genau. Wenn Du Deine Gefühle nicht kontrollieren kannst, ist es besser, eine Pause einzulegen.
Das Spiel heißt nicht grundlos das Freundschaftsspiel.

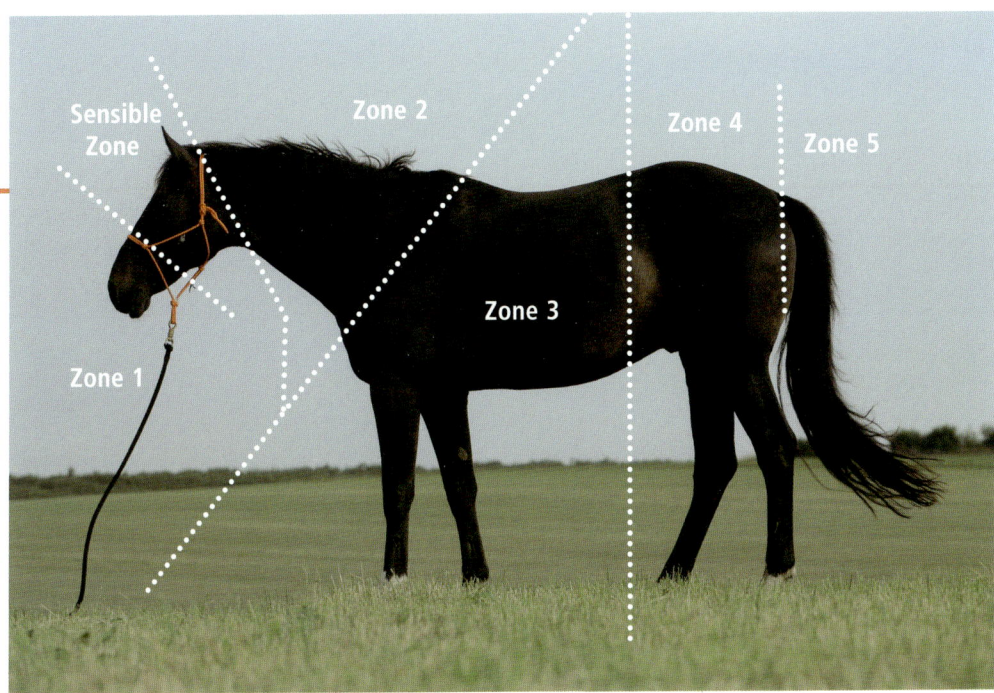

Die Zonen des Pferdes.

2. Nimm Dir die Zeit, die Dein Pferd braucht. Beeile Dich nicht mit diesem Spiel. Gib dem Pferd Zeit zum Nachdenken, Lernen und Akzeptieren. So baut sich gegenseitiges Vertrauen auf.

3. Vermittle Deinem Pferd, dass Du es gut mit ihm meinst.

4. Denke immer daran, einen gewissen Rhythmus beizubehalten.

5. Teste an jeder Stelle, welche Berührungsintensität dem Pferd gefällt, und passe Dein Verhalten an.

6. Suche auch nach den Stellen, an denen das Pferd gerne gekrault werden möchte. Das stärkt die Beziehung. Aber sei dabei vorsichtig: Wenn Du

auf so eine Stelle triffst, wollen viele Pferde auch dem Menschen etwas Gutes tun, indem sie versuchen, zurück zu kraulen. Das kann ganz schön weh tun, weil Pferde dazu die Zähne benutzen. Probiert das Tier Dich zu kraulen, gehe einfach einen Schritt zurück, so dass es Dich nicht mehr mit seiner Schnute erwischen kann.

Typische Probleme, die auftreten können:
Das Pferd bleibt nicht ruhig stehen oder versucht sogar zu flüchten.
Lass das Pferd sich bewegen. Bleibe dabei nach Möglichkeit an der Stelle mit Deiner Hand in der gleichen Intensität liegen, damit das Pferd nicht

Annäherung und Rückzug – Vertrauen systematisch aufbauen

Sobald Du merkst, dass sich das Pferd unwohl fühlt, nimmst Du Dich zurück, indem Du beispielsweise mit der Hand wieder zurück an eine Stelle des Körpers streichst, an der das Tier die Berührung anstandslos akzeptiert. Ein Beispiel: Das Pferd lässt sich nicht an den Ohren anfassen. Nimm die Hand zurück auf den Hals. Dann näherst Du Dich mit den Fingern wieder langsam den Ohren. Finde heraus, wo sich die Toleranzgrenze des Pferds befindet, aber streiche nicht darüber. Trete mit Deiner Hand lieber früh genug wieder den Rückzug am Hals an. Gib dem Pferd nach diesem Versuch eine Pause. Danach setzt Du erneut an und probierst, ob Du Dich den Ohren schon ein kleines Stückchen weiter nähern darfst. Achte genau auf die Reaktion des Pferds. Wiederhole diesen Vorgang in einem gewissen Rhythmus. Durch Wiederholungen merkt das Tier, dass Du seine Reaktion respektierst und es nicht zu etwas drängst, wozu es gerade nicht bereit ist. Wichtig ist, dass das Pferd stets entspannt und zufrieden ist. Nach und nach wird es Dir erlauben, die Ohren zu berühren.

Nein, das will ich nicht! Araberstute Shimounah will sich heute nicht an den Ohren anfassen lassen. Jetzt hilft das Prinzip von Annäherung und Rückzug.

lernt, die Situation durch dieses Verhalten von sich aus zu lösen. Auch wenn das Pferd tänzelt oder im Kreis rennt, bleibst Du dran. Gehe einfach mit und warte ab. Schaue aber, dass der Pferdekopf dabei immer auf Dich gerichtet ist.

Sobald das Pferd anhält, nimmst Du die Hand weg und gibst dem Pferd eine Pause. Nutze für den nächsten Versuch das Prinzip von Annäherung und Rückzug (Anleitung siehe Kasten links).

Das Pferd legt die Ohren an und giftet oder tritt nach dem Menschen.

Jegliche negative Reaktion des Pferdes verrät, dass das Pferd Dir noch nicht 100 %ig vertraut oder Angst vor Deiner Berührung hat. Bestrafe das Pferd nicht für dieses Verhalten. Es zeigt Dir nur, dass ihm etwas unangenehm ist. Nutze stattdessen das Prinzip von Annäherung und Rückzug. **Ganz wichtig:** Finde heraus, wann genau Dein Pferd unsicher wird, sprich an welcher Stelle und auch bei welcher Intensität. Je früher Du solche Hinweise erkennst, desto einfacher kann man das Problem lösen. Pferde kommunizieren oft sehr viel früher schon mit uns, bevor sie schnappen, flüchten oder austreten.

Noch sicherer: Nutze den Carrot-Stick als Verlängerung Deines Arms, indem Du das Pferd damit abstreichst. So kannst Du selbst in sicherer Entfernung zum Pferd stehen und es trotzdem berühren. Erlaube dem Pferd, in den Carrot-Stick so oft zu beißen oder nach ihm zu treten wie es möchte. Das Pferd kann den Stab schließlich nicht verletzen. Sei einfach ruhig und lächle. Warte ab, bis sich das Pferd beruhigt hat und die Berührung mit dem Stab akzeptiert.

Es tritt keine Gewöhnung ein.

Überprüfe Dein Verhalten gegenüber dem Pferd. Bist Du ruhig, konsequent und nimmst den Druck in der richtigen Sekunde weg? Hat das Pferd vielleicht Schmerzen? Überforderst Du das Pferd?

Mögliche Variationen des Freundschaftsspiels:

- Rubble das Pferd mit dem Carrot-Stick am ganzen Körper ab.
- Schwinge den String des Carrot-Sticks über das Pferd und berühre es damit am Körper.
- Steigere nach und nach die Intensität der Bewegung, beispielsweise indem Du das Pferd mit der Hand am ganzen Körper abklopfst, statt es abzustreichen.

Praktische Anwendung des Freundschaftsspiels – ein paar Beispiele:

Die praktischen Anwendungen des Freundschaftsspiels sind schier unendlich vielfältig. Bei allem, was dem Pferd unheimlich ist, kannst Du dieses

Der Mensch rubbelt das Pferd mit dem Carrot-Stick ab.

Spiel einsetzen und das Pferd durch das Prinzip von Annäherung und Rückzug mit Gegenständen, Geräuschen oder Situationen bekannt machen. Das geht sowohl am Boden als auch vom Sattel aus. Hier ein paar Beispiele:

• Fliegenspray auf den Körper sprühen (Annäherung und Rückzug: Sprühe in die Luft neben das Pferd und nähere Dich allmählich der Toleranzgrenze des Pferdes, bis der Sprühstoß keine Angstreaktion mehr auslöst.)

• Schicke das Pferd über eine Plane (Annäherung und Rückzug: Nähere Dich mit dem Pferd der Plane, bis die Toleranzgrenze Deines Vierbeiners erreicht ist. Dann gehst Du wieder ein paar Schritte zurück. Nähere Dich auf diese Weise Schritt für Schritt der Plane, bis das Pferd kein Problem mehr mit dem Gegenstand hat.)

• Satteln (Annäherung und Rückzug: Lass das Pferd erst am Sattel schnüffeln, dann legst Du den Sattel auf den Rücken. Wiederhole diesen Vorgang, bis das Pferd den Sattel akzeptiert und dabei zufrieden stehen bleibt.)

• Dem Pferd die Angst vor furchteinflößenden Situationen wie die Begegnung mit einem Traktor im Gelände nehmen (siehe dazu ab Seite 154 – Notfall-Ratgeber – Das Pferd scheut im Gelände).

Auch das ist ein Friendly Game: das Pferd mit Fliegenspray einsprühen.

Ein Zeichen der Entspannung: Das Pferd leckt und kaut genüsslich.

So erkennst Du Entspannung und Unwohlsein bei Deinem Pferd

Zeichen von Entspannung:

- Gesenkter Kopf
- Hängende Ohren
- Freundlicher Blick
- Schnauben, lecken und kauen, gähnen
- Die Hinterbeine werden entlastet
- Wallache schachten aus
- Ruhiger Atem

Zeichen von Unwohlsein:

- Kopf hochreißen
- Zittern
- Pferd will nicht stehen bleiben
- Angespannte Muskeln
- Angespannter Blick, kein Blinzeln
- Ohren angelegt
- Ausweichen
- Mit dem Schweif schlagen
- Die Nüstern hochziehen

Spiel #2
Stachelschwein-Spiel
(Porcupine Game)

Bei diesem Spiel lernt das Pferd auf physisch stetig ansteigenden Druck, den Du beispielsweise mit Deiner Hand ausübst, nachzugeben, wie beispielsweise den Kopf zu senken oder mit der Hinterhand zu weichen. Anders ausgedrückt: Bei diesem Spiel dreht sich alles um die Frage: Wer bewegt wen?

Das Stachelschwein-Spiel ist eines der schwierigsten Spiele, weil Pferde von Natur aus gegen Druck gehen, statt zu weichen. Fakt ist aber auch: Druck

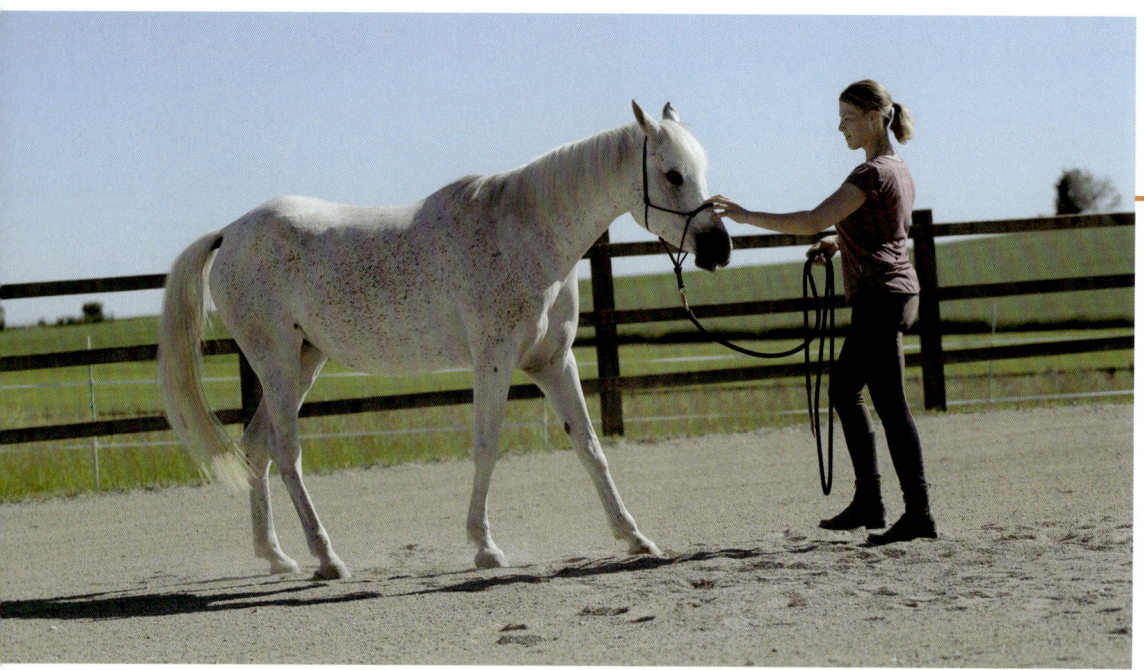

Beim Stachelschwein-Spiel bewegt man das Pferd mit physisch stetig ansteigendem Druck in die gewünschte Richtung.

– und sei er noch so gering wie z. B. durch eine Fliege auf dem Pferdefell – ist unangenehm für Pferde und sie suchen nach einer Lösung, um den Druck zu verringern. Dieses Prinzip machen wir uns beim Stachelschwein-Spiel zunutze.

Ziel:
Du bewegst den gewünschten Körperteil Deines Pferdes auf geringsten Druck (= Phase 1) in die gewünschte Richtung.

So geht's:
Wir erklären das Stachelschwein-Spiel am Beispiel, wie man das Pferd von vorne und mit den Fingern auf dem Nasenrücken rückwärtsgehen lassen kann. Stelle Dich dazu vor den Pferdekopf. Halte den Strick locker mit einer Hand fest. Dein Blick ist freundlich aufs Tier gerichtet und Deine Körperhaltung entspannt. Mit der anderen Hand streichelst Du den Pferdekopf, insbesondere die Stelle, an der Du Dein Pferd gleich zum Rückwärtsgehen auffordern willst.

Jetzt bringst Du Energie in Deinen Körper, indem Du Dich aufrichtest und bereit zum Rückwärtsgehen machst. Lege Deine Finger leicht auf den Nasenrücken und fokussiere mit Deinem Blick einen Punkt hinter dem Pferd (etwa wo das Pferd

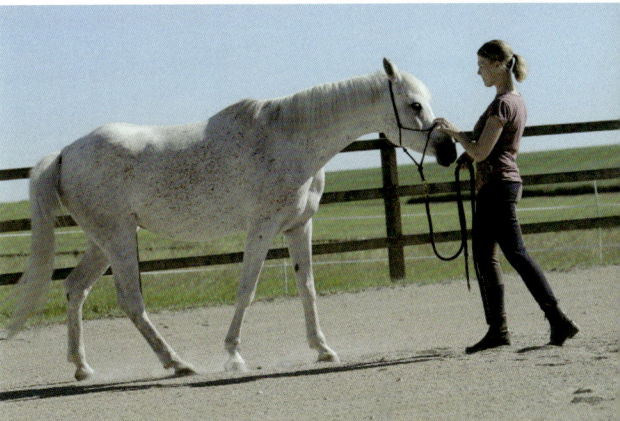

Bilder rechts von oben nach unten:
Aller Anfang ist das Freundschaftsspiel: Der
Mensch streichelt das Pferd auf der Nase.

Phase 1: Das Pferd geht auf ganz
leichten Druck rückwärts.

Phasen 2 bis 4: Der Druck der Finger
wird langsam gesteigert.

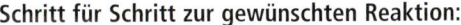

hingehen soll). Steigere – wenn nötig – den Druck
Deiner Hand auf dem Nasenrücken, bis das Pferd
rückwärtsgeht.

Die vier Phasen beim Stachelschwein-Spiel:
Phase 1 – Bringe Energie in Deinen Körper, Dein
Blick ist fokussiert und Deine Finger berühren nur
das Fell.
Phase 2 – Steigere den Druck Deiner Finger,
indem Du die Haut des Pferdes spürst.
Phase 3 – Berühre mit Deinen Fingern die
Muskulatur des Pferdes.
Phase 4 – Berühre den Knochen.

Schritt für Schritt zur gewünschten Reaktion:
Frage das Pferd zunächst nur nach einer Gewichtsverlagerung nach hinten. Gib dem Pferd dann eine
Pause, entspanne Dich, setze wieder einen liebevollen Blick auf und streichle über die Stelle, an
der Du gerade Druck ausgeübt hast. (Das ist ein

*Hinterhandwendung
mit dem Stachelschwein-Spiel.*

*Vorhandwendung:
Das Pferd kreuzt die Hinterbeine.*

Freundschaftsspiel!). Hat das Pferd Deine Hilfe verstanden, kannst Du von ihm auch einen ganzen Schritt rückwärts verlangen. Je eingespielter Ihr seid, umso mehr Schritte kannst Du nacheinander abfragen. Dazu gibst Du dem Pferd nicht nach jedem Schritt eine Pause, sondern wechselst lediglich zu Phase 1. Bleibt das Pferd stehen, steigerst Du die Phasen erneut.

Wichtig beim Strachelschwein-Spiel:
1. Überlege Dir vor Spielbeginn das Ziel. Wie, wohin und wie weit soll sich das Pferd bewegen?

Je klarer Du das Ziel vor Augen hast, desto besser wird Dein Pferd reagieren.
2. Streichle nach jedem Versuch dem Pferd über die Stelle, an der Du Druck ausgeübt hast (Freundschaftsspiel).

Typische Probleme, die auftreten können:
Das Pferd weicht Deiner Hand aus.
Dein Pferd sollte sich grundsätzlich am ganzen Körper berühren lassen, ohne dabei nervös zu werden. Wie das funktioniert, erklären wir in der Anleitung zu Spiel #1, dem Freundschaftsspiel.

Beim Rückwärtsrichten mit der Hand auf dem Nasenrücken: Das Pferd schlägt mit dem Kopf oder senkt den Hals, um sich dem Druck zu entziehen.

Lass Dich nicht abschütteln! Deine Hand bleibt möglichst bei gleicher Intensität auf dem Nasenrücken liegen. Stelle Dir vor, Deine Hand wäre an die Nase geklebt. Je öfter es dem Pferd gelingt, Deine Finger abzuschütteln, desto schwieriger wird es, dem Tier dieses Verhalten abzugewöhnen.

Sobald das Pferd den Kopf ruhig hält, nimmst Du die Hand weg und legst eine Pause ein. Dann startest Du erneut und legst die Hand absichtslos auf den Nasenrücken. Wiederhole den Vorgang. Immer wenn das Pferd seinen Kopf stillhält, bekommt es eine Belohnung in Form einer Pause. Klappt das, kannst Du das Strachelschwein-Spiel erneut starten.

Das Pferd bewegt sich nicht.

Bleibe dran und überprüfe Deine Phase 4. Bleibe beharrlich dran, bis das Pferd ansatzweise richtig reagiert. Dann gönnst Du dem Pferd eine Pause. Gerade bei solchen Kandidaten musst Du Dir beim Spielen die Zeit nehmen, die es braucht, damit das Pferd die Übung versteht. Dann geht später alles viel schneller und einfacher.

Mögliche Variationen des Stachelschwein-Spiels:

Du kannst das Spiel auch an anderen Körperstellen anwenden wie der Brust (Pferd soll rückwärtsgehen), der Vorhand (Pferd soll die Vorderbeine kreuzen = Hinterhandwendung), dem Genick (Pferd soll Kopf senken) oder der Hinterhand (Pferd soll die Hinterbeine kreuzen = Vorhandwendung).

Praktische Anwendung des Stachelschwein-Spiels – drei Beispiele:

- Wenn Du das Pferd beispielsweise am Putzplatz zur Seite schicken willst.
- Das Pferd senkt den Kopf beim Trensen.
- Gewichts-, Zügel- und Schenkelhilfen beim Reiten basieren auf dem Porcupine Game.

Auch das ist ein Porcupine Game: das Trensen.

*Freundschaftsspiel mit dem Stick.
Der Mensch streichelt das Pferd zunächst
freundlich mit dem Stick.*

Spiel #3
Bewegungsspiel (Driving Game)

Das Pferd ohne Berührung zu bewegen – das lernst Du bei diesem Spiel. Dabei gibst Du dem Pferd Signale aus der Entfernung und übst mentalen rhythmischen Druck aus. Auch das empfindet das Pferd, wie beim Stachelschwein-Spiel, als unangenehm. Du kannst Dir das so vorstellen, wie wenn ein Pferd vor dem anderen weicht, weil das andere Tier die Ohren anlegt oder mit dem Schweif schlägt.

Ziel:
Du bewegst den gewünschten Körperteil Deines Pferdes auf feinste Signale (= Phase 1) aus der Entfernung in die gewünschte Richtung.

So geht's:
Wir erklären das Driving Game am Beispiel, wie Du die Hinterhand Deines Pferdes kreuzen lässt (Vorhandwendung). Stelle Dich in einem Abstand von zirka einem Meter auf Halshöhe neben das Pferd. Drehe Dich mit Deinem Körper zum Pferd. Bleibe locker stehen. Halte den Strick in der Hand,

Phase 1: Das Pferd reagiert auf die Körpersprache und auf den Schwiegermutterblick. Es weicht mit der Hinterhand.

die sich näher am Kopf befindet. Der Strick hängt durch. Halte den Carrot-Stick in der anderen Hand. Der Stab befindet sich schräg hinter Dir; das Ende zeigt zum Boden.

Berühre jetzt zunächst ganz absichtslos die Hinterhand des Pferdes mit dem Carrot-Stick (= Spiel #1). Streichle das Pferd oder rubble es damit ab – je nach Vorliebe Deines Vierbeiners. Dann machst Du dem Pferd den Vorschlag, die Hinterhand zu kreuzen:

Phase 1 – Fokussiere die Mitte der Hinterhand mit einem bestimmten Blick. Diesen Blick nennt Horseman Pat Parelli auch gerne den Schwieger-mutterblick, damit man sich besser vorstellen kann, welchen Blick man aufsetzen soll. Ganz wichtig: Diesen Blick behältst Du während den anderen Phasen bei!

Phase 2 – Hebe den Carrot-Stick im 90-Grad-Winkel zum Boden an. Das Ende des Stabs zeigt auf die Stelle, die Du mit Deinem Blick fokussierst.

Phase 3 – Bewege den Stick rhythmisch in der Luft auf und ab oder mache kleine Kreise auf das Pferd zu. Dabei näherst Du Dich langsam der Hinterhand.

Phase 4 – Gib dem Pferd mit dem Stick einen ermutigenden, freundlichen Klaps auf die Kruppe. Wiederhole den Klaps im gleichmäßigen Rhyth-

Fortgeschrittene können das Bewegungsspiel (Spiel #3) und das Stachelschwein-Spiel (Spiel #2) auch kombinieren. Das bietet sich beispielsweise an, wenn das Pferd auf den direkten Druck mit der Hand (Spiel #2) nur zäh reagiert. In diesem Fall kannst Du etwas rhythmischen Druck mit Deinem Stick hinzufügen (Spiel #3).

mus, bis das Tier reagiert. Eventuell muss man dabei etwas bestimmter werden, aber keinesfalls aggressiv.

Schritt für Schritt zur gewünschten Reaktion:
Frage das Pferd zunächst nur nach einer Gewichtsverlagerung zur Seite. Gib dem Pferd dann eine Pause, entspanne Dich, setze wieder einen liebevollen Blick auf und streichle mit dem Stick über die Stelle, an der Du gerade Druck ausgeübt hast (Spiel #1). So lernt das Pferd, dass der Stab grundsätzlich nicht böse ist. Klappt das, kannst Du vom Pferd auch einen Schritt zur Seite verlangen. Je geübter Ihr seid, umso mehr Schritte kannst Du abfragen. Dazu gibst Du dem Pferd nicht nach jedem Schritt eine Pause, sondern wechselst lediglich zu Phase 1. Bleibt das Pferd stehen, steigerst Du die Phasen erneut.

Typische Probleme, die auftreten können:
Das Pferd reagiert nicht.
Vielleicht warst Du nicht klar und effektiv genug in Deinen Phasen, oder das Pferd hat die Übung zwar verstanden, sieht aber keine Notwendigkeit zu weichen.

Das Pferd geht vorwärts.
Dieses Problem tritt häufig auf, wenn Pferd und Mensch das Spiel zum ersten Mal spielen. Will das

Die Vorhandwendung als Notbremse

Beim Führen dreht das Pferd plötzlich voll auf und düst los. Das ist gefährlich. Viele Pferde lassen sich in solch einem Moment selbst von einem kräftigen Ruck am Halfter nicht stoppen. Nutze stattdessen Spiel #3, das Bewegungsspiel, um das Pferd schnell wieder unter Kontrolle zu bringen. So geht's: Lasse die Hinterhand vom Pferd kreuzen ... bis Dich das Pferd wieder anschaut. Damit das im Notfall klappt, solltest Du das Weichen der Hinterhand mit dem Bewegungsspiel üben.

Tier einen Schritt vorwärtsgehen, schüttelst Du sofort am Seil, ohne dabei Deinen Fokus von der Hinterhand zu nehmen. Dieses Schütteln soll aber keine Strafe, sondern vielmehr eine Information ans Pferd sein, dass es auf der Stelle stehen bleiben soll. Sei auch hier so sanft wie möglich und so effektiv wie nötig.

Phase 4 beim Rückwärtsgehen: Der Mensch berührt das Pferd mit dem Stick an der Brust.

Das Pferd bleibt nicht stehen, wenn Du den Druck wegnimmst.

Prüfe, ob Du selbst entspannt bist. Möglicherweise ist Dein Pferd so sensibel, dass es schon auf Phase 1, also Deine Körperspannung, reagiert und weicht. Oder das Pferd kann Entspannung und Anspannung noch nicht unterscheiden. Dann solltest Du abwechselnd Spiel #1 und Spiel #3 spielen. Achte dabei ganz bewusst auf Deine Körperhaltung.

Mögliche Variationen des Bewegungsspiels:

• Rückwärtsgehen (Stelle Dich in einem Abstand von etwa einem Meter vor den Pferdekopf. Schaue das Pferd an. Phase 1: Setze den Schwiegermutterblick auf und bringe Energie in Deinen Körper (Mach Dich groß!). Phase 2: Bleibe weiter auf der Stelle stehen und klopfe jetzt mit dem Stick vor dem Pferd rhythmisch auf den Boden. Phase 3: Gehe aufs Pferd zu. Klopfe dabei weiter und etwas bestimmter auf den Boden. Phase 4: Berühre Dein Pferd mit dem Stick an der Brust.)

• Vorhand bewegen (Stelle Dich auf Halshöhe neben das Pferd. Dein Körper ist zum Pferd gerichtet. Phase 1: Fokussierter Blick, Energie im Körper und den Carrot-Stick waagerecht auf Höhe Deiner Brust anheben. Phase 2: Mach kleine kreisende Bewegungen im Rhythmus mit dem Stab in der

Vorhand bewegen – Phase 2 zum Kreuzen der Vorhand: Der Stick wird eingesetzt.

Führen aus der Sattellage

Eine Variation des Bewegungsspiels ist das Führen aus der Sattellage.

So geht's:

Führe das Pferd im Schritt auf einem kleinen Zirkel. Drehe Dich mit dem Pferd mit. Nehme allmählich die Position in der Sattellage neben Deinem Pferd ein. Dann läufst Du parallel mit dem Pferd mit. Du kannst den Zirkel größer machen oder einfach nur geradeaus laufen. Der Strick hängt durch. Du schaust das Ziel an, zu dem Du hingehen möchtest. Wie ändert man jetzt die Richtung? Indem Du Deine Hand zur Seite nimmst und so dem Pferd den Weg öffnest oder mit Hilfe des Carrot-Sticks die Vorhand des Pferds drehst. Zum Anhalten benutzt Du das Seil:

- Phase 1: Atme aus und laufe langsamer. Versuche Dich bewusst zu entspannen.
- Phase 2: Schüttle ganz sachte am Seil, indem Du das Seil mit Deinen Fingern bewegst.
- Phase 3: Steigere die Intensität des Schüttelns, indem Du das Handgelenk von rechts nach links bewegst.
- Phase 4: Schwinge das Führseil in einem weiten Bogen. Dazu kannst Du mit dem Unterarm das Seil nach rechts und links bewegen.

Luft. Phase 3: Gehe aufs Pferd zu und intensiviere die Bewegung mit dem Stick. Phase 4: Berühre den Hals.)

Praktische Anwendung des Bewegungsspiels – ein Beispiel:

- Freiarbeit mit Pferden (Liberty)

Spiel #1, #2 und #3 sind die Basis-Spiele, quasi das ABC der Pferde. Dabei lernst Du die einzelnen Buchstaben der Kommunikation mit dem Pferd kennen. Kombiniert man diese drei Spiele, kannst Du im übertragenen Sinn ganze Wörter bilden. Daraus entstehen die folgenden Spiele.

Spiel #4
Jo-Jo-Spiel (Yo-Yo Game)

Bei diesem Spiel lernst Du, das Pferd auf geraden Linien rückwärts und im Anschluss wieder vorwärts gehen zu lassen. Du selbst bleibst dabei die ganze Zeit vor dem Pferd stehen. Du kannst Dir die Bewegung wie bei einem Jo-Jo vorstellen, deswegen heißt das Spiel auch so.

Fürs Rückwärts ist ein gewisser Respekt und ein gewisses Vertrauen vom Pferd gegenüber dem Menschen nötig. Pferden, denen dieser Respekt noch fehlt, fällt dieser Teil des Spiels oft schwer. Für andere Tiere wiederum ist das Zurückkommen eine Herausforderung. Hierzu muss das Pferd dem Menschen vertrauen und ihn spannend genug fin-

den, um gerne zu ihm kommen zu wollen. Es gibt auch Pferde, denen beide Bewegungen schwerfallen.

Ziel:

Du kannst das Pferd auf ein feines Signal (= Phase 1) schnurgerade sowie gleichmäßig rückwärtsgehen lassen und auf gerader Strecke wieder zu Dir zurückholen. Beide Bewegungsrichtungen funktionieren gleich gut.

So geht's:

Das Jo-Jo-Spiel ist genau genommen eine Kombination aus folgenden Spielen:

- Mit Spiel #3 (Bewegungsspiel) schickst Du das Pferd rückwärts.

Rückwärts – Phase 1: Der Zeigefinger ist aufs Pferd gerichtet.

- Dann bekommt es eine Pause
  (Spiel #1 – Freundschaftsspiel).
- Mit Spiel #2 (Stachelschwein-Spiel) holst
  Du das Pferd wieder zu Dir.

Rückwärts:

Stelle Dich in einem Abstand von zirka einem Meter frontal vors Pferd. Dein Körper ist zum Pferd gerichtet. Halte das Ende des Seils mit einer Hand fest. Nur das Lederstück am Ende des Seils schaut aus Deiner geschlossenen Hand unten heraus. Der Rest des Seils liegt auf dem Boden. Jetzt fragst Du

die Rückwärtsbewegung ab, indem Du die Intensität der Signale bei Bedarf steigerst:

- **Phase 1** – Bringe Energie in Deinen Körper, schaue das Pferd bestimmt an (Schwiegermutterblick!) und strecke den Arm, mit dem Du das Seilende festhältst, vor Dir aus. Der Zeigefinger ist nach vorne ausgestreckt und aufs Pferd gerichtet. Wackle mit dem Zeigefinger hin und her. Achte darauf, dass sich das Seil dabei nicht bewegt. Nur Dein Finger ist in Bewegung.
- **Phase 2** – Jetzt wackelst Du mit der ganzen Hand, indem Du das Handgelenk bewegst. Das

Das Pferd bekommt eine Pause.

Seil in der Luft bewegt sich leicht, der Seilrest am Boden bleibt trotzdem ruhig liegen.

• **Phase 3** – Dann versteifst Du Dein Handgelenk und bewegst Deinen Unterarm aus dem Ellenbogen von links nach rechts. Nutze dabei den kompletten Bewegungsradius, den Du zur Verfügung hast. Das ganze Seil bewegt sich.

• **Phase 4** – Streck Deinen ganzen Arm aus, versteife Ober- und Unterarm und hole mit dem ganzen Arm von rechts nach links aus. Nutze auch hier wieder den kompletten Bewegungsspielraum, indem Du den Arm aus dem Schultergelenk in

einem großen Bogen von links nach rechts führst. Das Seil bewegt sich in großen Wellen.

Pause:
Egal, wie viele Schritte Dein Pferd rückwärtsgegangen ist, es folgt immer eine Pause. Lass den Strick dabei zu Boden sinken, lächle das Pferd an und entspanne.

Vorwärts:
Nach der Pause holst Du das Pferd wieder zu Dir.

Das Pferd kommt ohne Zug auf dem Seil zum Menschen.

So formulierst Du die Phasen:

• **Phase 1** – Bleibe entspannt stehen, lächle das Pferd an und streiche am Seil mit offenen Händen entlang. Mache mehrere Wiederholungen im gleichen Rhythmus. Denke daran, dass Du das Pferd mit dieser Geste zu Dir einladen möchtest.

• **Phase 2** – Schließe die Hände ein wenig und behalte den Streich-Rhythmus am Seil bei.

• **Phase 3** – Streiche weiter am Seil mit Deinen Händen entlang, baue dabei aber etwas Kontakt zum Pferdekopf auf.

• **Phase 4** – Schließe die Hände, halte das Seil fest und lege Dein Körpergewicht ins Seil.

Schritt für Schritt zur gewünschten Reaktion:
Belohne Dein Pferd anfangs schon für die geringste Gewichtsverlagerung in die gewünschte Richtung, bis es auf Dein Signal zuverlässig richtig reagiert. Später kannst Du mehrere Schritte zu Dir abfragen, indem Du dabei stets in Phase 1 bleibst und die Phase nur nach Bedarf steigerst.

Wichtig beim Jo-Jo-Spiel:
• Bewege Dich nicht von Deiner Stelle!
• Erst wenn Dein Pferd gleichmäßig rückwärts und vorwärts gehen kann, solltest Du mehr Wert auf die Geradlinigkeit legen.

Phase 4: Das Seil schwingt. Das Pferd geht zurück.

Typische Probleme, die auftreten können:

Das Pferd geht nicht zurück.

Überlege, ob Du die vier Phasen wie beschrieben angewendet hast. Warst Du in Phase 4 wirklich so bestimmt wie nötig oder war Dein Wackeln am Seil nicht vielleicht eher eine Phase 3?

Sei in Phase 4 so effektiv wie nötig, aber keinesfalls aggressiv. Wiederhole die Übung und sei in Phase 4 etwas bestimmter. Belohne auf jeden Fall schon den kleinsten Schritt Deines Pferdes in die richtige Richtung.

Das Pferd kommt nicht wieder zu Dir und geht in Phase 4 gegen den Zug rückwärts.

Überlege zunächst, ob Du selbst noch voller Energie bist, so dass sich das Pferd nicht traut, zu Dir zu kommen. Ist das nicht der Fall, musst Du dranbleiben. Versuche auf der Stelle stehen zu bleiben und halte die Spannung auf dem Seil aufrecht. Viele Pferde merken dann, dass sie mit ihrem Verhalten nicht weiterkommen. Sobald das Tier auch nur das Gewicht in Deine Richtung verlagert oder sogar einen Schritt zu Dir kommt, öffnest Du die Hände, lächelst das Pferd an und gibst ihm eine Pause. Danach startest Du einen neuen

Auch das ist eine Form des Jo-Jo-Spiels: Neben dem Pferd laufen, anhalten, rückwärts- und dann wieder vorwärtsgehen.

Versuch und beginnst wieder mit Phase 1. Manche Pferde bleiben trotz Spannung auf dem Seil hartnäckig auf ihrer Position stehen. Diese Tiere muss man etwas aus der Reserve locken, indem man seinen Platz verlässt und sich mit dem Carrot-Stick langsam der Kruppe nähert. Verkürze dabei das Seil, um die Spannung aufrechtzuerhalten. Reagiert das Pferd nicht, tippst Du mit dem Stick auf den Boden oder hebst ihn an und wackelst damit auf und ab. Macht das Pferd daraufhin immer noch keinen Schritt nach vorne, berührst Du es mit dem

Stickende oder dem daran befestigten Seilchen an der Kruppe. Denke dabei daran, dass Du dem Pferd nicht weh tun willst, sondern ihm die Position einfach etwas unangenehm machst.

Das Pferd geht nicht gerade rückwärts.
Stelle zunächst sicher, dass das Pferd ausreichend Platz zum Rückwärtsgehen hat und nicht durch einen Zaun oder Ähnliches begrenzt wird, so dass es sich drehen muss. Manchen Pferden ist auch schlichtweg gerades Rückwärtsgehen zu anstren-

gend. Sie drehen sich seitlich, weil ihnen das leichter fällt. Andere gehen aus Angst nicht gerade rückwärts. Wenn der Mensch sich frontal vor ihnen befindet, ist ihr direkter Fluchtweg versperrt. Daher drehen sie sich, um im Notfall freien Lauf zu haben.

<u>Das Pferd geht nicht gerade vorwärts.</u>
Korrigiere das Pferd, indem Du Deine Hände in die entgegengesetzte Richtung bewegst, um den Kurs zu korrigieren.

Mögliche Variationen des Jo-Jo-Spiels:
• Das Pferd soll nicht im Schritt, sondern im Trab auf Dich zukommen. Dazu musst Du etwas mehr Energie beim Vorwärts-Fragen ins Spiel bringen.
• Du kannst das Spiel auch beim Führen spielen. Dabei läufst Du beispielsweise auf Halshöhe neben dem Pferd, hältst unterwegs an und fragst das Pferd, aus dieser seitlichen Position zunächst rückwärts und dann wieder vorwärts zu gehen.

Praktische Anwendung des Jo-Jo-Spiels – zwei Beispiele:
• Es ist der Schlüssel zu geschmeidigen Übergängen am Boden und im Sattel.
• Es ist eine gute Vorbereitung für schwierigere Lektionen wie eine Piaffe.

Spiel #5
Zirkel-Spiel (Circling Game)

Dieses Spiel sieht aus wie Longieren, es steckt aber ein anderer Sinn dahinter. Der große Unterschied zum Longieren besteht darin, dass das Pferd selbstständig auf der Kreislinie geht, ohne Gangart sowie Richtung zu wechseln und ohne, dass Du es ständig antreibst. Das Pferd lernt, Verantwortung zu übernehmen, indem es die geforderte Übung selbstständig ausführt.

Ziel:
Das Pferd geht selbstständig und ohne Zug auf dem Seil auf dem Zirkel um Dich herum. Dabei behält das Pferd die Richtung und Gangart so lange bei, bis Du es einlädst, wieder zu Dir in die Kreismitte zu kommen.

So geht's:
Das Spiel besteht aus drei Teilen:
• **Teil 1** – das Rausschicken des Pferdes auf die Kreislinie
• **Teil 2** – das Erlauben (das Pferd zirkelt um Dich herum)
• **Teil 3** – das Zurückholen des Pferdes zu Dir in die Kreismitte

Teil 1 – Das Rausschicken auf die Kreislinie:
In der Ausgangsposition stehst Du mit dem Pferd

Der Mensch schickt das Pferd rückwärts auf die Zirkellinie.

in der Zirkelmitte. Dann schickst Du das Pferd mit Hilfe von Spiel #3, dem Bewegungsspiel, im Rückwärtsgang auf die gedachte Kreislinie. Du bleibst dabei stehen. Befindet sich das Pferd mit den Hinterhufen auf der Zirkellinie, bekommt es eine Pause.

Anschließend schickst Du das Pferd in den Schritt auf den Zirkel, indem Du diese Phasen nutzt:

• **Phase 1** – Bringe Energie in Deinen Körper. Drehe Dich mit dem Oberkörper in die Richtung, in die das Pferd gehen soll. Strecke auch den Arm, mit dem Du das Seil festhältst, in diese Richtung im 90-Grad-Winkel zum Boden neben Dir aus.

• **Phase 2** – Hebe den Carrot-Stick mit der anderen Hand ebenfalls im 90-Grad-Winkel zum Boden neben Dir an.

• **Phase 3** – Kreise den Stab in der Luft Richtung des Körperteils, das sich noch auf die Zirkellinie drehen muss.

• **Phase 4** – Berühre das Pferd mit dem Stab oder dem daran befestigten Seilchen an dem Körperteil, bis sich das Pferd dreht und losläuft.

Teil 2 – Das Erlauben:
Befindet sich das Pferd auf dem richtigen Weg, entspannst Du in der Kreismitte. Lass die Arme

Rausschicken auf den Zirkel – Phase 1: Der Mensch zeigt dem Pferd die Richtung an, in die es gehen soll.

locker hängen und gib dem Pferd so viel Seil, wie es für das Gehen auf der Zirkellinie braucht. Das Tier bestimmt selbst den Radius. Einzige Einschränkung: Am Seilende ist Schluss. Das hältst Du fest. Schaue auf den Boden oder in die Ferne. Den Carrot-Stick kannst Du am Boden neben Dir abstellen und an Dich lehnen, so dass Du beide Hände frei hast. Bleibe auf dieser Stelle stehen und drehe Dich nicht mit dem Pferd mit. Damit Dich das Pferd nicht mit dem Strick einwickelt, übergibst Du das Seilende von Hand zu Hand. Höre und spüre am Seil, wo sich Dein Pferd gerade befindet und was es macht.

Das Erlauben: Der Mensch bleibt entspannt stehen und das Pferd geht auf dem Zirkel um den Menschen herum.

Teil 3 – Das Zurückholen in die Kreismitte:
Wenn Du das Zirkeln beenden willst, stoppe das Pferd zunächst, indem Du Spiel #3, das Bewegungsspiel, an der Hinterhand einsetzt.

So funktioniert's: Fokussiere mit Deinem Blick die Hinterhand des Pferdes und drehe Dich für eine Viertelrunde mit dem Pferd mit. Warte kurz ab, ob Dein Pferd alleine schon auf diesen Fokus reagiert und die Hinterhand dreht. Passiert nichts, verkürzt Du das Seil und steigerst Deine Phasen wie bei Spiel #3 ab Seite 82 (Bewegungsspiel) beschrieben. Hat sich das Pferd zu Dir gedreht und schaut Dich an, darf es zu Dir kommen. Lächle es an und lade es ein, zu Dir zu kommen (Teil 2 von Spiel #4, dem Jo-Jo-Spiel).

Das Zurückholen: Das Pferd kommt zurück zum Menschen.

Sobald das Pferd bei Dir in der Mitte ist, belohne es, indem Du es streichelst, ihm eine Pause gibst und ihm zeigst, dass Du glücklich bist, dass es in Deiner Nähe ist.

Schritt für Schritt zur gewünschten Reaktion:
Anfangs reicht eine viertel oder halbe Runde Zirkeln, damit das Pferd Deine Hilfen verstehen lernt. Mit etwas Übung kannst Du auch eine ganze Runde oder sogar mehrere Runden hintereinander abfragen.

Wichtig beim Zirkel-Spiel:
- Langweile das Pferd nicht mit diesem Spiel. Im Kreis zu laufen ist nicht sonderlich spannend für Pferde. Verwechsle das Spiel nicht mit Longieren.
- Überlege Dir vor dem Spiel, was Du von Deinem Pferd verlangst, wie beispielsweise eine Runde rechtsherum im Schritt.
- Übe das Spiel im Schritt, bis das Pferd das Prinzip verstanden hat, und Du es nicht mehr zu korrigieren brauchst.

Typische Probleme, die auftreten können:
Das Pferd hält hinter Deinem Rücken an.
Diese Reaktion ist typisch für Pferde, die das Spiel neu lernen. Möglicherweise bist Du in der Mitte nicht neutral, sondern denkst die ganze Zeit

daran, dass das Pferd vorwärtslaufen muss. Probiere aus, dem Pferd das Zirkeln wirklich zu erlauben. Das ist ein kleiner, aber feiner Unterschied. Andere Pferde halten an, weil sie es gewohnt sind, sich nur anzustrengen, wenn der Reiter sie permanent vorwärtstreibt. In der Situation kannst Du Folgendes machen: Drehe Dich zum Pferd, lächle es an, hol das Pferd zu Dir in die Mitte und schicke es erneut auf die Zirkellinie. Hört Dein Pferd mit diesem Verhalten nach ein paar Wiederholungen immer noch nicht auf, musst Du Deine Strategie ändern. Hol das Pferd beim nächsten Mal mit einem nicht ganz so freundlichen Blick zu Dir in die Mitte und schicke es erneut und etwas bestimmter auf den Zirkel. Sobald das Pferd um Dich zirkelt, lächelst Du wieder. So lernt es, dass es Dir nur ein Lächeln und Freundlichkeit entlocken kann, wenn es sich auf der Kreisbahn wie gewünscht bewegt.

Das Pferd wechselt unaufgefordert
vom Schritt zum Trab oder Galopp.
Oft hilft diese Strategie: Fordere Dein Pferd freundlich auf, die Hinterhand zu verschieben. Dann lädst Du es zu Dir in die Kreismitte ein. Danach schickst Du das Pferd erneut raus. Wiederhole diese Übung, bis das Pferd auf dem Zirkel in der gewünschten Gangart bleibt.

Ein mögliches Problem: Der Pferdekopf drängt beim Circling Game nach außen.

Das Pferd pariert unaufgefordert durch.

Gehe hierbei vor wie beim Problem »Das Pferd hält hinter Deinem Rücken an«.

Das Pferd drängt mit der Nase nach außen.

Manche Pferde machen das aus Respektlosigkeit, andere weil sie Angst haben. Vielleicht sucht das Pferd nach einer Möglichkeit zu fliehen. Akzeptiere dieses Verhalten und ziehe nicht die Pferdenase in die Mitte. Mit etwas Routine in den Sieben Spielen wird sich dieses Problem von alleine lösen. Das Pferd entwickelt immer mehr Respekt für Dich und fühlt sich sicherer bei Dir. Andere Pferde drehen die Nase raus, weil der Mensch in der Mitte voll auf Spannung ist und sie diesen Emotionen ausweichen wollen. Die Lösung dieses Problems ist einfach: entspanne Dich!

Das Pferd verkleinert den Zirkel.

Schicke das Pferd wieder raus, indem Du es mit Hilfe des Bewegungsspiels Richtung Schulter erneut auf die gewünschte Linie lenkst.

Das Pferd hält nicht an.

Entspanne Dich und gehe hierbei vor wie beim Problem »Das Pferd wechselt alleine vom Schritt zum Trab oder Galopp«. Gegebenenfalls musst Du auch das Herausdrehen der Hinterhand mit Hilfe des Bewegungsspiels noch intensiver separat üben.

Mögliche Variationen des Zirkel-Spiels:

• Übe das Zirkel-Spiel am kurzen Seil im Schritt und Trab. Der Galopp ist für diesen kleinen Zirkel zu schnell. Den kannst Du später am langen Seil üben (siehe Seite 108 – Wie geht's weiter?).

Zum Hochschalten der Gangart benutzt Du diese Phasen (Beispiel ist fürs Zirkel-Spiel auf der rechten Hand):

Phase 1 – Sobald das Pferd auf der Zirkellinie hinter Deinem Rücken wieder auftaucht, nimmst Du das Seilende in die rechte Hand. Zu dem Zeitpunkt, wo sich der Pferdekopf auf Höhe Deines rechten Arms befindet, hebst Du diesen Arm im 90-Grad-Winkel zum Boden neben Dir an. Zeige in die Bewegungsrichtung. Drehe Dich mit dem Pferd mit.

Phase 2 – Hebe den Stick mit der anderen Hand ebenfalls im 90-Grad-Winkel zum Boden neben Dir an. Das Ende zeigt tendenziell weit hinters Pferd.

Phase 3 – Wippe mit dem Stick auf und ab.

Phase 4 – Steigere den Druck hinter dem Pferd, beispielsweise indem Du den Boden mit dem Seil touchierst.

Anfangs fallen viele Pferde nach wenigen Trabtritten wieder in den Schritt zurück. Beginne dann erneut mit der nettesten Frage.

• Du kannst die Gangart auch auf der Zirkellinie runterschalten, beispielsweise vom Trab in den Schritt durchparieren. So geht's (Beispiel ist fürs Zirkel-Spiel auf der rechten Hand):

Phase 1 – Sobald das Pferd auf der Zirkellinie hinter Deinem Rücken wieder auftaucht, nimmst Du das Seilende in die linke Hand und drehst Dich mit dem Pferd mit. Strecke jetzt den linken Arm im 90-Grad-Winkel zum Boden neben Dir aus. Wackle leicht am Seil, um dem Pferd zu signalisieren, dass es langsamer machen soll.

Phase 2 – Mit der anderen Hand nimmst Du den Carrot-Stick und streckst den Arm ebenfalls im 90-Grad-Winkel zum Boden neben Dir aus. Schüttle gleichzeitig das Seil etwas mehr.

Phase 3 – Erhöhe die Intensität des Wackelns am Seil. Gleichzeitig wippst Du mit dem Stick in der anderen Hand rhythmisch auf und ab.

Phase 4 – Steigere weiter die Intensität des Schüttelns vom Seil und des Wippens mit dem Stick, bis das Pferd durchpariert.

Vorbereitung zum Seitwärts: Der Mensch schickt das Pferd zum Zaun.

Spiel #6
Seitwärts-Spiel (Sideways Game)

Jetzt geht's seitwärts!

Ziel:

Du schickst das Pferd im gleichmäßigen Tempo und auf einer gedachten Linie mit feinen Hilfen (= Phase 1) seitwärts.

So geht's:

Suche Dir einen Zaun oder eine Bande. Stelle Dich mit dem Rücken zur Begrenzung. Das Pferd befindet sich neben Dir. Jetzt lässt Du das Pferd wie bei Spiel #5, dem Zirkel-Spiel, zurück auf eine gedachte Zirkellinie gehen. Dort angekommen, schickst Du es im Schritt zu der Seite in Richtung Zaun, in die es seitwärtsgehen soll. Das geht wie beim Erlauben im Zirkel-Spiel. Kurz bevor das Pferd am

Zaun ankommt, nutzt Du die vorhandene Bewegungsenergie des Tiers, um es seitwärts zu dirigieren. Drehe Dich dazu zum Pferd. Das Seil hängt locker durch.

• **Phase 1** – Erhöhe Deine Körperspannung, schaue in die Richtung, in die das Pferd sich seitwärts bewegen soll und gehe langsam auf das Tier zu.

• **Phase 2** – Gehe weiter. Das Pferd soll Dir weichen. Hebe jetzt den Stick an und zeige damit abwechselnd auf Vor- und Hinterhand. Der Stick macht quasi eine Bewegung wie ein Scheibenwischer. So animierst Du das Pferd, abwechselnd mit Vor- und Hinterhand zu weichen. Dahinter verbirgt sich Spiel #3, das Bewegungsspiel.

• **Phase 3** – Schalte Deinen Scheibenwischer einen Gang höher, indem Du mehr Energie in die Bewegung bringst.

Seitwärts geht es am Zaun entlang.

• **Phase 4** – Berühre das Pferd an Vor- oder Hinterhand bis es mit dem jeweiligen Körperteil weicht.

Mit dieser Methode bewegst Du abwechselnd Vor- und Hinterhand. Beides zusammen ergibt eine Seitwärtsbewegung. Halte das Seil dabei am besten am Ende fest und stelle dem Pferd die gesamte Seillänge zur Verfügung. Zum Anhalten nimmst Du den Stick runter, entspannst und bleibst stehen.

Schritt für Schritt zur gewünschten Reaktion: Freue Dich anfangs schon über den ersten Seitwärts-Schritt. Hat das Pferd Deine Signale verstanden, kannst Du auch mehrere Schritte hintereinander verlangen. Gehe dabei stets zurück auf Phase 1 oder 2.

Wichtig beim Seitwärts-Spiel:
• Verlasse nicht Deine Linie.
• Bleibe nicht stehen.

Seitwärts beim Reiten.

Typische Probleme, die auftreten können:

Das Pferd geht rückwärts statt seitwärts.

Vielleicht ist das Pferd verwirrt und weiß nicht, was es tun soll. Stoppe das Spiel und spiele Spiel #1, das Freundschaftsspiel, um das Pferd an die Situation zu gewöhnen. Übe auch Spiel #3, das Bewegungsspiel, um sicher zu gehen, dass das Pferd das Prinzip vom Weichen der Vor- und Hinterhand grundsätzlich verstanden hat. Geht das Tier trotzdem rückwärts, behältst Du Deine Position bei. Bleibe stehen, behalte Deine Phase mit dem Stick bei und warte, bis das Pferd einen Schritt in die gewünschte Richtung macht. Danach gibst Du ihm eine Pause, lobst es und wiederholst das Spiel.

Das Pferd geht beim Seitwärts

tendenziell eher vorwärts.

Das ist nicht schlimm. Übe beim nächsten Versuch weniger Druck auf die Vorhand aus.

Mögliche Variationen des Seitwärts-Spiels:

• Spiele ohne eine Begrenzung wie einen Zaun auf freier Fläche. Will das Pferd dabei nach vorne laufen, erinnere es mit einem freundlichen Schütteln am Strick, dass es auf der gedachten Linie bleiben soll.

• Lass das Pferd auch im Trab oder Galopp seitwärtsgehen. Benutze hierfür aber lieber das lange

Seil und lasse das Seil durch Deine Hände gleiten, bis Du das Ende in der Hand hältst. So hat das Pferd mehr Spielraum und Du musst nicht hinter dem Tier herrennen.

• Lass das Pferd seitwärts über Gegenstände wie eine Stange gehen.

Praktische Anwendung des Seitwärts-Spiels:

• Seitwärts-Gänge in jeglicher Form bei der Bodenarbeit und beim Reiten

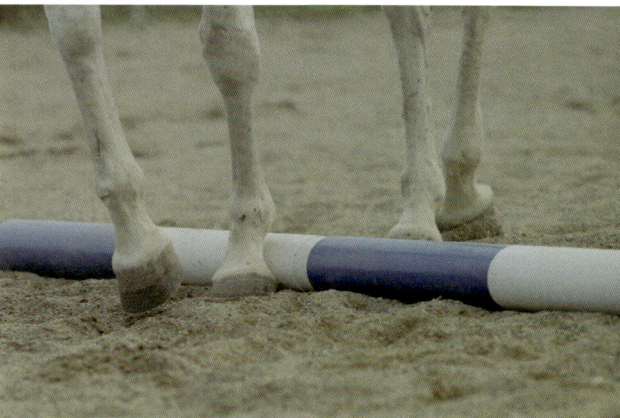

Das Seitwärts-Spiel über eine Stange.

Das Pferd geht entspannt durch den Engpass zwischen Mensch und Zaun.

Spiel #7
Engpass-Spiel (Squeeze Game)

In diesem Spiel lernst Du, wie Du Dein Pferd durch einen Engpass dirigierst und es dabei selbstständig, ruhig und vertrauensvoll bleibt. Der Hintergrund: Pferde mögen von Natur aus keine Engpässe. Ein Engpass kann zum Beispiel der Platz zwischen Dir und einem Zaun oder einem Tor, der Gang über einen anderen Untergrund wie eine Plane oder der Sprung über ein Cavaletti sein. Auch Trensen oder das Stehen am Anbinder sind Engpässe. Ein Engpass liegt immer dann vor, wenn Du eine von vielen Fluchtmöglichkeiten des Pferdes einschränkst. Der Engpass-Klassiker ist der Pferdeanhänger.

Ziel:
Das Pferd bleibt bei Engpässen ruhig und vertrauensvoll.

So geht's:
Bilde einen Engpass zwischen Dir und einem Zaun. Stelle Dich dazu im Abstand von zirka zwei Metern vor einen Zaun. Dein Bauchnabel zeigt zum Zaun. Das Pferd steht auf einer Seite des Engpasses. Halte den Carrot-Stick mit der Hand, die sich näher am Pferd befindet. Mit der anderen hältst Du das Seilende fest. Bitte das Pferd durch den Engpass zu gehen. Dieses Spiel besteht aus diesen drei Teilen:

- **Teil 1** – Das Schicken
- **Teil 2** – Das Durchlaufen
- **Teil 3** – Umdrehen, anschauen und Pause

Teil 1 – Das Schicken:
- **Phase 1** – Nimm Deinen Fokus und Oberkörper in die Richtung, in die das Pferd gehen soll. Erhöhe Deine Körperspannung und zeige mit dem Arm, mit dem Du das Seilende festhältst, dem Pferd den

Nach dem Engpass fordert der Mensch das Pferd auf, mit der Hinterhand zu weichen.

Weg an, indem Du den Arm im 90-Grad-Winkel zum Boden neben Dir anhebst.

- **Phase 2** – Hebe den Stick im 90-Grad-Winkel zum Boden neben Dir an. Das Ende zeigt Richtung Hals/Schulter.
- **Phase 3** – Wackle mit dem Stick
- **Phase 4** – Berühre das Pferd mit dem Stick, bis es sich in Bewegung setzt.

Teil 2 – Das Durchlaufen:

Sobald das Pferd losgelaufen ist, wirst Du neutral. Das bedeutet: Nimm Arm und Stick wieder runter und warte einfach ab. Treibe das Pferd nicht mehr vorwärts! Erlaube dem Pferd, freiwillig und entspannt durch den Engpass zu gehen. Eingangs- und Ausgangsgeschwindigkeit sollten gleich sein. Wenn das Pferd zwischendurch am Zaun oder Boden schnüffeln möchte, ist das in Ordnung.

Teil 3 – Umdrehen, anschauen und Pause:

Sobald das Pferd durch den Engpass gelaufen ist, lässt Du die Hinterhand kreuzen (Spiel #3, Bewegungsspiel). Schaut Dich das Pferd wieder an, kannst Du es durch leichtes Schütteln am Seil zum Anhalten bringen. Idealerweise sollte das Pferd am Ende des Seils stehen bleiben. Gib dem Pferd auf dieser Position eine Pause. Danach kannst Du es zurück durch den Engpass schicken oder zu Dir holen.

Klappt das, kannst Du den Abstand zwischen Dir und dem Zaun allmählich verkleinern.

Wichtig beim Engpass-Spiel:

- Es gibt nur den einen Weg durch den Engpass. Das Pferd darf nicht hinter Dir vorbeigehen.
- Lasse Dich nicht von Deinem Standplatz abdrängen.

Zu viel Power: Die Araberstute stürmt durch den Engpass.

Typische Probleme, die auftreten können:

Das Pferd stürmt durch den Engpass.

Rennt das Pferd durch den Engpass, hat es vielleicht Angst davor. Nachdem das Pferd den Engpass passiert hat, verschiebst Du die Hinterhand. So wendet das Pferd automatisch die Nase zum Engpass und kann sich damit nochmals auseinandersetzen. Gib dem Pferd dann eine Pause. Im Anschluss beginnst Du das Engpass-Spiel von vorne. Vergrößere dafür den Abstand zwischen Dir und dem Zaun. Probiere aus, bei welchem Abstand das Pferd den Engpass ruhig passiert. Klappt das, kannst Du den Abstand wieder allmählich verringern.

Das Pferd weigert sich
durch den Engpass zu gehen.

Bleibt das Pferd stehen, solltest Du es nicht vorwärtsdrängen. Warte kurz, ob es möglicherweise den Engpass erkunden will und anschließend hindurchgeht. Ist das nicht der Fall, beginnst Du das Spiel von vorne. Vergrößere den Abstand zwischen Dir und dem Zaun. Vielleicht fürchtet sich das Pferd vor dem Engpass. Wiederhole den Vorgang, bis das Pferd den Engpass passiert. Erst dann solltest Du den Abstand zwischen Dir und dem Zaun wieder allmählich verringern.

Auch das ist ein Engpass-Spiel: der Sprung über ein Cavaletti.

Das Pferd geht rückwärts.

Das Pferd zeigt Dir in diesem Moment, dass es nicht durch den Engpass gehen möchte. Dieses Verhalten ist in Ordnung. Bleibe einfach auf Deiner Position stehen und setze zu einem erneuten Versuch an. Das Pferd darf nicht lernen, dass es sich durch den Rückzug von der Aufgabe entziehen kann. Vergrößere gegebenenfalls den Engpass. Probiere aus, welcher Abstand fürs Pferd in Ordnung ist.

Praktische Anwendung des Engpass-Spiels – ein paar Beispiele:

- Verladen in einen Anhänger
- Über Hindernisse springen = Springparcours
- Durch eine Pfütze gehen
- Trensen
- Satteln
- Am Anbinder stehen
- Der persönliche Bereich des Pferdes ist größer als seine Box

Wie lange sollte man die Sieben Spiele mit seinem Pferd am Boden spielen?

Parelli Natural Horsemanship ist eine grundsätzliche Einstellung zum Pferd und kein Trainingsprogramm, bei dem klar definiert ist, wie viele Minuten geübt werden sollte. Baue die Sieben Spiele vielmehr in Deinen Alltag mit dem Pferd ein und halte bei der Zeit, die Du mit Deinem Pferd verbringst, stets die Waage zwischen förderungsfreier Zeit wie beispielsweise Grasen und Trainingsphasen, in denen Du die Sieben Spiele übst.

Doch Vorsicht: Spiele ein Spiel nicht zu Tode. Viele Pferde begreifen und lernen schnell. Mit vielen Wiederholungen könntest Du sie langweilen.

Der Schlüssel zum Erfolg ist, mit dem Pferd zu spielen, nicht zu arbeiten. Grundsätzlich solltest Du die Spiele am kurzen Seil so lange üben, bis Dein Pferd Deine Hilfen verstanden hat, es dabei ruhig sowie konzentriert ist und auf Deine Signale fein reagiert. Darunter verstehen wir Phase 1 oder maximal Phase 2.

Das Berühre es-Spiel mit einer Pylone – Ralf Heil und Fritz machen das ohne Halfter (at liberty).

Zusatz-Übungen: Spiegel-Spiel und Berühre es-Spiel

Wenn Du den Reitplatz mit Deinem Pferd betrittst, lasse es zunächst in Ruhe. Überlege vielmehr, wie es dem Pferd heute geht und was seine Wünsche sind. Unsichere Pferde brauchen möglicherweise zunächst etwas Zeit, um die Situation für sich einzuordnen. (Das gilt auch für Pferde, die jeden Tag auf demselben Reitplatz sind!) Lass Dich darauf ein (= Spiegel-Spiel), bevor Du zum Berühre es-Spiel übergehst (Anleitung siehe unten). Neugierige Pferde hingegen wollen den Reitplatz gleich erkunden und schnuppern sofort an der Bande oder an anderen Gegenständen. Auch hier kannst Du Dein Pferd spiegeln: Erkundet zusammen den Reitplatz mit dem Berühre es-Spiel.

Beim sogenannten Berühre es-Spiel (englisch: Touch it-Game) schickst Du Dein Pferd zu einem Gegenstand wie einem Ball und bittest das Pferd, den Gegenstand mit der Nase anzustupsen. Das Pferd lernt so, sich eigenständig mit Dingen zu beschäftigen. Das macht es gelassener und selbstbewusster.

So geht's:
Los geht's in einem vertrauten Umfeld wie auf einem Reitplatz. Wähle einen Gegenstand, den das Pferd berühren soll. Am Leichtesten ist es, wenn Du Dir für die ersten Versuche ein großes Ziel vornimmst, wie etwa eine blaue Tonne oder einen großen Reitbahnbuchstaben an der Bande. Dann schickst Du das Pferd im Schritt zum Ziel los. Dabei läufst Du auf Höhe der Sattellage nebenher (siehe Seite 86 – Führen aus der Sattellage). Halte zirka zwei Meter vor dem Ziel an, und versuche das Pferd von dort aus zum Gegenstand zu dirigieren. Gegenstand, Pferd und Mensch bilden ein Dreieck. Zeige und schaue aufs Ziel. Das Seil hängt locker durch. Was jetzt folgt, erinnert an das Kinderspiel »Heiß oder Kalt«: Heiß bedeutet, dass sich die Pferdenase dem Ziel nähert. In diesem Fall lässt Du das Tier einfach in Ruhe und wartest ab. Bewegt sich das Pferd vom Gegenstand weg, wird es kalt. Dann korrigierst Du den Kurs. Sobald das Pferd das Ziel mit der Nase berührt, wird gelobt.

Wichtig beim Berühre es-Spiel:
- Der Gegenstand, den das Pferd berühren soll, muss fürs Tier mit der Nase erreichbar sein.
- Gib die Verantwortung an Dein Pferd ab. Mache den Vorschlag, indem Du aufs Ziel zeigst, und warte ab. Dränge das Pferd nicht. Passiert nichts, wiederhole den Vorschlag.
- Zwinge das Pferd nicht zum Gegenstand zu gehen. Gib dem Tier lieber mehrere Versuche, bis es von alleine hingeht.
- Sei sehr genau mit Deinem Fokus.

Raus mit Euch: Auf geht's zum Spaziergang ins Gelände.

Wie geht es weiter?

Klappen die Sieben Spiele inklusive der Zusatz-Übungen (s. Seite 107) am kurzen Seil, tauscht Du das kurze gegen das lange Seil (zirka sieben Meter lang) und gehst die Sieben Spiele erneut mit Deinem Pferd durch. Halte das Seil bei allen Spielen möglichst nur am Ende fest, um die Distanz zu Deinem Pferd zu vergrößern.

Was bringt das? Du wirst merken, dass die Sieben Spiele am langen Seil eine neue Herausforderung für Euch sind. Mit etwas mehr Entfernung zum Pferd musst Du viel klarer mit dem Tier kommunizieren als am kurzen Seil. Das Pferd wiederum lernt, noch eigenverantwortlicher zu handeln.

Achte beim Spielen am langen Seil darauf (Ihr seid ja jetzt Fortgeschrittene!), dass Du Deine Kommunikation anpasst. Im übertragenen Sinne schreibst Du jetzt keine großen Buchstaben des ABCs mehr, sondern verfeinerst die Sprache.

Das Bewegungsspiel um einen Baumstamm herum. Der Schimmel kreuzt die Hinterhand.

Sicher spazieren gehen mit dem Pferd

Bei den meisten Pferden reichen die Sieben Spiele am kurzen sowie langen Seil auf dem Reitplatz als Basis, um mit dem Pferd einen sicheren Spaziergang im Gelände zu unternehmen. Bevor Du jedoch losmarschierst, solltest Du bedenken, dass der Schritt vom sicheren Umfeld wie einem Reitplatz rein ins Unbekannte, also das Gelände, eine große Herausforderung für Dein Pferd sein kann. Um das Tier nicht zu überfordern, empfehlen wir Dir eine behutsame Gewöhnung an neues Terrain.

Spiele die Sieben Spiele vor jedem Spaziergang mit Deinem Pferd zunächst am kurzen Seil auf dem Reitplatz, um eine Verbindung zu Deinem Pferd aufzubauen. Danach verlagerst Du die Spiele allmählich nach draußen. Das geht so: Spiele mit Deinem Pferd beispielsweise zunächst auf dem Weg vor dem Reitplatz. Bleibt das Pferd cool, mit Dir verbunden und konzentriert, tastest Du Dich etwas weiter weg und wählst beispielsweise den Innenhof des Reitstalls. Dann kommt die Zufahrtsstraße vom Pferdestall, sofern man dort in Ruhe spielen kann. Klappt das, eröffnest Du die Wege rund um die Koppeln zu Eurem neuen Spielplatz. Dann kommt der Feldweg in den Wald und so weiter.

Das Engpass-Spiel über einen Baumstamm.

Auf diese Art und Weise machst Du das Pferd schonend mit neuen Umgebungen bekannt. Dass wir Dir empfehlen, dabei die Sieben Spiele anzuwenden, hat einen tieferen Sinn: So erhältst Du die mentale Verbindung zu Deinem Pferd, die Du vorher auf dem Reitplatz aufgebaut hast, aufrecht und kannst sie bei Bedarf wieder herstellen, wenn beispielsweise Dein Pferd mal abgelenkt ist. Ein weiterer Vorteil der Sieben Spiele: Das Pferd spürt, dass Du einen Plan im Kopf hast. Das vermittelt dem Tier Sicherheit. Das ist gerade für Pferde, die vom Typ her Right Brain sind, sehr wichtig. Left Brain-Pferde finden die Sieben Spiele interessant und haben Spaß daran, diese zu spielen.

Achte beim Spielen immer darauf, wie Dein Pferd auf die neue Umgebung reagiert. Ist es ruhig und zufrieden, kannst Du getrost weiterspielen und Dich Schritt für Schritt weiter vom Stall entfernen. Wird das Pferd nervös (das kann oft schon auf den ersten Metern nach dem Reitplatztor passieren), solltest Du die Entfernung verringern, bis sich das Pferd wieder wohler fühlt. Taste Dich dann erneut Meter für Meter vor. Hinter dieser Empfehlung

Beim Freestyle-Reiten lässt der Reiter die Zügel durchhängen.

steckt das Konzept von Annäherung und Rückzug, das Du von Spiel #1, dem Freundschaftsspiel, kennst. Nimm Dir auch hierbei die Zeit, die Dein Pferd braucht.

Beim Spaziergang können überdies weitere Probleme auftreten. In unserem Notfall-Ratgeber ab Seite 150 findest Du typische Probleme und Lösungen beim Spaziergang mit dem Pferd.

Neue Herausforderungen beim Spaziergang

Klappen die Sieben Spiele inklusive dem Berühre es-Spiel am kurzen Seil im Gelände, solltest Du auch mit dem langen Seil draußen üben. Außerdem kannst Du die Spiele interessanter gestalten und variieren, indem Du Gegenstände einbeziehst. Zwei Beispiele: Spiele das Zirkel-Spiel über am Boden liegende Äste, so dass das Pferd genau schauen muss, wo es die Hufe aufsetzt. Das Engpass-Spiel lässt sich wunderbar an Hecken oder Zäunen üben. Die Möglichkeiten im Gelände sind schier unendlich. Halte einfach Ausschau nach neuen Herausforderungen. Viel Spaß dabei!

Die Basis im Sattel

Klappen die Sieben Spiele am langen Seil auf dem Reitplatz und reagiert das Pferd auf feine Signale (Das Pferd sagt JA zu Deinen Fragen!), geht's rauf aufs Pferd – jedoch noch nicht sofort ins Gelände! Auch im Sattel brauchen Pferd und Reiter eine gute Horsemanship-Basis. Die Basics übst Du mit Deinem Pferd zunächst auf dem Reitplatz. In diesem Abschnitt findest Du viele Übungen, die Pferd sowie Mensch auf einen Ausritt vorbereiten.

Grundsätzlich empfehlen wir als Voraussetzung für einen Ausflug ins Gelände, dass sich das Pferd auf dem Reitplatz am durchhängenden Zügel (das bedeutet ohne ständigen Kontakt zum Pferdemaul!) in allen Gangarten reiten, lenken und auch kontrollieren lässt.

Das Reiten am durchhängenden Zügel wird im Parelli Natural Horsemanship-Ausbildungsprogramm als Freestyle-Reiten bezeichnet. Stellt sich die Frage, warum es fürs Geländereiten wichtig ist, das Pferd ohne Anlehnung reiten zu können. Ganz einfach: Wer sein Pferd auf dem Reitplatz nur mit Zügelkontakt reiten kann, also durch eine stetige Verbindung zwischen Reiterhand und Pferdemaul, der macht sich unserer Meinung nach etwas vor. Es ist, als nimmst Du das Pferd bildlich gesprochen ständig an die Hand. Ist es plötzlich mal auf sich alleine gestellt, wie beispielsweise beim Bummeln am langen Zügel im Gelände, werden viele Pferde unsicher, weil das gewohnte Händchenhalten fehlt.

An dieser Stelle möchten wir betonen, dass wir grundsätzlich nichts gegen eine weiche Anlehnung haben und sie selbst im Dressurtraining praktizieren, aber die Grundlage dafür ist unserer Meinung nach, dass sich das Pferd auch nur durch unsere Blickrichtung, Gewichtsverlagerung im Sattel und durch Schenkelhilfen steuern lässt. Die Zügel benutzen wir beim Freestyle-Reiten nur, wenn das Pferd auf diese Signale partout nicht reagiert.

Um das Pferd ganz fein auf Dich einzustellen, haben sich auch beim Reiten die Prinzipien der natürlichen Hilfen bewährt (ab Seite 52 – Natür-

liche Hilfen). Stelle immer bei jeder Hilfe die freundlichste Frage zuerst. Reagiert das Pferd nicht, steigerst Du die Hilfen wie bei der jeweiligen Übung beschrieben ist. Lobe das Pferd bei jeder neuen Aufgabe anfangs bereits für den kleinsten Schritt in die richtige Richtung. Hat das Pferd das Prinzip der Übung verstanden, kannst Du auch mehr verlangen, wie beispielsweise mehrere Schritte in die gewünschte Richtung.

Ob Dressur-, Western- oder Distanzreiter, diese Übungen kann jeder Reiter mit seinem Pferd machen. Unsere Tipps sind reitweisenübergreifend. Dabei ist es auch egal, ob Du Anfänger, Fortgeschrittener oder Profi bist.

Das Pferd lernt, beim zügelunabhängigen Reiten Verantwortung zu übernehmen. Beim Reiten ohne ständige Anlehnung müssen die Tiere viel mitdenken. Sie müssen selbst schauen, wohin sie ihre Hufe setzen, wie sie sich ausbalancieren und so weiter. Das übernimmt sonst allzu oft der Reiter (meist unbewusst!) mit den Zügeln.

Bewusstes Satteln, Trensen und Aufsteigen

Sicheres und feines Reiten beginnt schon mit bewusstem Satteln, Trensen und Aufsteigen. Hand aufs Herz: Oft führen wir diese drei Handlungen fast schon automatisch aus, ohne dabei genau aufs Verhalten vom Pferd zu achten und zu schauen, ob es damit überhaupt einverstanden ist. Das ist unhöflich. Hinterfrage Deine Gewohnheiten!

Ein Beispiel – So geht bewusstes Satteln: Gib dem Pferd Zeit, bevor Du den Sattel auf seinen Rücken schwingst, um mit dem Gegenstand Kontakt aufzunehmen, indem Du es daran schnuppern lässt. Die Reaktion Deines Vierbeiners zeigt Dir, ob das Pferd mit dem Sattel ein Problem hat. Ein Pferd, das gerne daran schnuppert, akzeptiert den Gegenstand. Jetzt ist es bereit zum Satteln. Legt das Pferd schon alleine beim Anblick des Sattels die Ohren an, hat es mit ihm ein Problem. Diesem Verhalten solltest Du nachgehen.

Haflinger Willi erkundet den Sattel.

Bewusstes Trensen mit gesenktem Pferdekopf.

Auf den ersten Blick wirken viele Übungen – gerade für fortgeschrittene Reiter – sehr einfach. Wir empfehlen allerdings jedem Reiter, alle Aufgaben mit seinem Pferd durchzugehen. Eine solide Basis ist unserer Meinung nach das A und O, deswegen kann man selbst die vermeintlich einfachen Übungen nicht oft genug üben. Klappen die Übungen grundsätzlich, können Fortgeschrittene an der Genauigkeit der Ausführung arbeiten und dadurch die Kommunikation verfeinern.

Grundsätzlich erklären wir für jede Übung immer eine Variante. Darüber hinaus kannst Du alle erdenklichen Möglichkeiten ausprobieren. Sei kreativ!
Jetzt sind wir startklar. Zum Reiten benötigst Du eine Trense, einen Sattel sowie Deinen Carrot-Stick ohne Seilchen. Das Seilchen kannst Du dem Pferd um den Hals binden.
Wähle zum Üben zunächst einen Ort, an dem ihr – Du und Dein Pferd – Euch sicher fühlt, wie beispielsweise einen Reitplatz.

Checks vor dem Losreiten

Wie Piloten im Flugzeug sollten auch Reiter ein paar Sicherheits-Checks machen, bevor sie starten. Das sind unsere beiden Sicherheits-Übungen nach dem Aufsteigen:

Wie gut kann das Pferd den Hals biegen?

Die Biegung des Pferdehalses nach links und rechts bezeichnen wir Horsemanship-Trainer als laterale Biegung. Dein Pferd sollte das ganz leicht zu beiden Seiten können, so weit es ihm anatomisch möglich ist. Was ist der Sinn dieser Übung? Es ist, als würdest Du die Bremse checken, bevor Du losreitest. Wir benutzen die laterale Biegung nämlich zum Stoppen im Notfall. Der Hintergrund: Indem das Pferd die Nase zu Dir wendet, denkt es auch in Deine Richtung und wendet sich Dir zu. Das baut die verloren gegangene Verbindung und das Vertrauen zum Pferd wieder auf. So kannst Du es leichter anhalten.

So geht's:

Am besten bereitest Du die Übung am Boden vor. Stelle Dich auf Sattelhöhe neben das Pferd. Dann fragst Du nach der Halsbiegung. Dazu hält eine Hand das Zügelende oberhalb des Widerrists in der Luft. Mit der anderen streichst Du drei Mal locker am Zügel Richtung Pferdemaul runter und wieder rauf zur anderen Hand. Das ist die freund-

Der Reiter streicht mit der Hand locker am Zügel Richtung Pferdemaul runter.

Der Reiter führt die Hand zum Sattel. Das Pferd dreht den Kopf zur Seite.

lichste Frage ans Pferd, den Hals zu biegen. Reagiert es nicht, legst Du die Hand, die das Zügelende hält, auf den Widerrist. Mit der anderen Hand streicht Du erneut am Zügel Richtung Pferdemaul und stoppst sobald Dein Arm ausgestreckt ist. Schließe langsam die Finger (einen nach dem anderen und von oben nach unten!) und baue so einen ganz leichten Kontakt zum Pferdemaul auf. Kommt das Pferd immer noch nicht auf die Idee, den Hals zu biegen, führst Du die Hand langsam zum Sattel, bis das Pferd den Kopf dreht. Diese Bewegung ist sanft. Am Kopf wird nicht gezerrt! Sobald das Pferd nachgibt: Zügel loslassen, Pause und loben. Wünschenswert ist es, wenn das Pferd mit etwas Übung schon den

Hals biegt, wenn Du mit Deiner Hand nur am Zügel heruntergleitest (= freundlichste Frage).

So geht's weiter:
Übe die laterale Biegung auf beiden Seiten. Klappt das am Boden, geht's in den Sattel. Biege den Hals Deines Pferdes im Stand abwechselnd zu beiden Seiten. Gehe dabei vor wie beim Biegen am Boden beschrieben.

Die Biege-Übungen dienen nicht nur der Sicherheit von Pferd und Reiter, sondern bilden auch die Basis für viele weitere Reit-Übungen.

Die laterale Biegung vom Sattel aus:
1. Der Reiter hebt die Zügel an.

2. Eine Hand fährt am Zügel Richtung Pferdemaul locker herunter.

Ganz wichtig: Diese Übung solltest Du anfangs so oft wie möglich machen, um die Bewegungsabfolge fest im Pferdekopf zu verankern und im Notfall anwenden zu können. Das können gut und gerne an die 1.000 Wiederholungen sein.

Typische Probleme, die auftreten können:

Das Pferd zieht dagegen.

Halte den Zug am Seil oder Zügel aufrecht. Werde dabei weder weicher noch bestimmter. Warte einfach ab, bis das Pferd nachgibt. Unserer Erfahrung nach braucht man dabei oft sehr viel Geduld. Wir empfehlen daher: Warte wirklich einfach ab und gib nicht auf, bis das Pferd wenigstens einen kleinen Ansatz der gewünschten Reaktion zeigt. Erst dann gibst Du nach, lobst das Pferd, legst eine Pause ein und setzt zu einem erneuten Versuch an, bis das Pferd das Prinzip verstanden hat.

Das Pferd bleibt nicht stehen
und kreuzt die Hinterhand.

Das ist in Ordnung. Erlaube dem Pferd, sich zu bewegen, und bleibe dran, bis das Pferd stillsteht. Dann gibst Du nach. Von Mal zu Mal bekommt das Pferd mehr Routine in der Übung. Prüfe zusätzlich, ob Du das Pferd nicht währenddessen antreibst, indem Du etwa angespannt im Sattel sitzt oder die Beine anlegst. Wichtig ist, dass Du ganz entspannt bist.

3. Der Reiter schließt die Finger einzeln.

4. Der Reiter führt die Hand Richtung Oberschenkel. Das Pferd dreht den Kopf zur Seite.

Die Notbremse im Sattel

So verwendest Du die laterale Biegung, um das Pferd beim Reiten im Notfall schnell zu stoppen und sicher abzusteigen.

Egal in welcher Gangart Du Dich befindest, höre auf zu reiten. Darunter verstehen wir, dass Du nicht mehr der Bewegung des Pferdes folgst. Dann nimmst Du die Zügel in eine Hand und streckst diese vor Deinem Oberkörper aus. Die freie Hand fährt am Zügel Richtung Pferdemaul runter. Sobald der Arm ausgestreckt ist, schließt Du die Finger (von oben nach unten). Führe die Hand gefühlvoll (nicht zerren!) in Richtung Deines Oberschenkels, so dass sich der Pferdekopf zu Dir dreht. Stelle dann die Faust auf dem Oberschenkel ab und bewege sie nicht mehr. Stelle Dir vor, sie wäre an Deinen Körper geklebt. Mit der anderen Hand hältst Du Dich derweil vorne am Sattel fest. Sobald das Pferd steht, kannst Du zur gebogenen Seite absteigen. Dazu nimmst Du die Hand, die den Pferdehals biegt, vom Ober-

schenkel und hältst Dich am besten an Mähne oder Sattel fest. Dann schwingst Du Dich runter.

Übe die Notbremse auf dem Reitplatz im Stand, Schritt, Trab und Galopp. Übe auch das Absteigen auf beiden Seiten. Diese Übung wird Dich sicherer im Sattel machen – und ist im Notfall Gold wert.

Der Reiter lässt die Hand auf dem Oberschenkel stehen, bis er sich vom Pferd schwingen kann.

Das Pferd biegt den Hals zur Seite, nimmt den Kopf dann aber schnell wieder nach vorne. Auch das ist okay. Manche Pferde müssen erst Vertrauen in dieser Position finden oder sich an das eingeschränkte Sichtfeld gewöhnen. Erlaube dem Pferd den Kopf wieder nach vorne zu nehmen. Dann startest Du erneut mit der Übung.

Wie gut kann das Pferd mit der Hinterhand weichen?

In der Parelli-Sprache bezeichnen wir das Kreuzen der Hinterbeine um die eigene Achse, also eine Vorhandwendung, als den indirekten Zügel. Diese Übung hat nicht nur einen gymnastizierenden Effekt, sondern vielmehr auch einen Sicherheitsaspekt. Angenommen die Situation ist nicht so schlimm, dass Du die Notbremse (siehe Kasten links) ziehen und absteigen musst, kannst Du mit dieser Übung die Energie Deines Pferdes gut kanalisieren.

Der indirekte Zügel – Schritt 1: Eine Hand hält beide Zügel fest.

Beim indirekten Zügel biegst Du den Pferdehals und lässt gleichzeitig die Hinterhand kreuzen. Das Pferd kann so weiterlaufen, aber nur in einem Mini-Kreis um die eigene Achse. Einerseits löst das die Anspannung, weil überschüssige Energie in der Bewegung abgebaut wird, andererseits muss das Pferd beim Kreuzen der Beine den Kopf einschalten. Das beruhigt zusätzlich.

Schritt 2: Die andere Hand fährt am Zügel herunter Richtung Pferdemaul.

Die richtige Handhaltung:
Die Fingernägel zeigen nach oben.

Das Pferd weicht mit der Hinterhand.

So geht's:

Fahre mit einer Hand am Zügel runter Richtung Pferdemaul. Sobald Dein Arm ausgestreckt ist, schließt Du die Finger (von oben nach unten). Dann führst Du die Hand gefühlvoll in die Richtung Deines Bauchnabels. Die Fingernägel zeigen dabei nach oben. Sobald das Pferd den Kopf zu Dir wendet, drehst Du den Oberkörper mit, richtest Deinen Blick über die Kruppe zum Schweifansatz und drehst den Fuß auf der gebogenen Seite nach außen, so dass Deine Wade leichten Druck am Pferdebauch ausübt. Daraufhin weicht das Pferd mit der Hinterhand.

So geht's weiter:

Den indirekten Zügel kannst Du im Schritt, Trab und Galopp üben.

Wichtig bei der Übung:

- Deine Beine machen das, was Deine Hände tun. Wenn Du beispielsweise mit der rechten Hand den Hals biegst, schiebt Dein rechtes Bein die Hinterhand weg. Die linke Hand ist entspannt. Auch Dein linkes Bein sollte entspannt sein.
- Achte dabei darauf, Dich im Sattel nicht steif zu machen.

Anreiten – Phase 1: Der Reiter baut eine positive Anspannung auf.

Typische Probleme, die auftreten können:

Das Pferd kreuzt die Hinterhand nicht.

Bei manchen Pferden musst Du einfach einen Moment warten, bis eine Reaktion kommt. Bei anderen Tieren kannst Du ausprobieren, ob das Pferd weicht, wenn Du die Position Deines Beins auf der gebogenen Seite veränderst und es ein bis zwei Handbreit hinter dem Gurt positionierst. Es kann aber auch sein, dass das Pferd noch nicht verstanden hat, auf Druck zu weichen. Dann solltest Du das Kreuzen der Hinterbeine mit Hilfe des Stachelschwein-Spiels vom Boden aus üben. Setze dazu Deine Hand an der Stelle an, an der Du später vom Sattel aus mit Deinem Bein die Hilfe gibst.

Das Pferd bewegt die Vorhand.

Bei den ersten Versuchen ist das in Ordnung. Checke Deine Hilfen: Die Hand mit dem Zügel muss sich ziemlich genau vor Deinem Bauchnabel befinden. Ist sie über dem Oberschenkel, beeinflusst man so eher die Vorhand. Wichtig sind auch Dein Fokus (Blick zum Schweifansatz) und die Position Deines Beins auf der Seite, auf der sich nicht der Pferdekopf befindet. Möglicherweise schiebst Du damit unbewusst die Vorhand herum.

Los geht's – Basisübungen auf dem Reitplatz

Viel Spaß mit unseren Reit-Übungen und immer schön an diese beiden Dinge denken:

- Lass die Zügel locker.
- Tue mit Deinem Körper das, was auch das Pferd mit seinem Körper tuen soll.

Anreiten

So lernt Dein Pferd auf feinste Hilfen loszugehen.

So geht's:

Phase 1 – Bring Energie in Deinen Körper, indem Du Dich aufrichtest, nach vorne schaust (Such Dir einen Zielpunkt!) und an die Gangart Schritt denkst. Imitiere mit Deinem Körper bereits die Schrittbewegung im Sattel. Vielleicht folgt das

Phase 4: Der Reiter tippt das Pferd mit dem Carrot-Stick an.

Ist das Pferd losgelaufen, passt sich der Reiter der Bewegung des Pferds an.

Pferd ja alleine schon Deiner Bewegung im Sattel. **Phase 2** – Behalte Phase 1 bei und umarme das Pferd zusätzlich mit den Beinen. Wichtig ist, dass Du die Beine nicht ruckartig oder fest anlegst, sondern den Pferdebauch einfach sanft einrahmst. **Phase 3** – Behalte Phase 1 und 2 bei. Zusätzlich klopfst Du Dir mit einer Hand mehrfach und im Rhythmus auf den Oberschenkel. **Phase 4** – Behalte Phase 1 und 2 bei. Zusätzlich tippst Du das Pferd mit der Hand oder Deinem Carrot-Stick an Schulter oder Kruppe rhythmisch

an, bis das Pferd in Gang kommt. Sei dabei so sanft wie möglich, aber so bestimmt wie nötig.

So geht's weiter:

Hat sich das Pferd in Gang gesetzt, spiegelst Du mit Deinem Körper die Energie des Pferdes. Konkret bedeutet das, dass Du eine gewisse Grundspannung im Körper beibehältst und Dich der Bewegung des Pferdes anpasst. Achte darauf, nicht mehr Energie als nötig aufzuwenden und das Pferd so unbewusst vorwärts zu treiben, und

Haflinger Willi stoppt bereits auf die freund-lichste Frage.

dass Du auf der anderen Seite aber auch nicht zu wenig Energie investierst. Versuche einfach, in Harmonie mit dem Pferd zu kommen.

Typische Probleme, die auftreten können:

Das Pferd schießt los.

Möglicherweise hast Du das Pferd überfallen, indem Du Phase 1 übersprungen hast. Achte beim nächsten Versuch darauf, noch weniger Druck auf-zubauen, damit das Pferd langsam losgeht.

Das Pferd hält nach wenigen Metern wieder an.

Das ist am Anfang völlig normal. Möglicherweise ist das Pferd daran gewöhnt gewesen, dass Du bei jedem Schritt einen Impuls mit dem Schenkel gegeben hast. Das Pferd muss jetzt ein neues Prinzip verstehen. Hält das Tier an, startest Du erneut mit Phase 1.

Anhalten

Um das Pferd zu stoppen atmest Du zunächst aus und folgst nicht mehr der Bewegung des Pferdes. Reagiert das Pferd nicht auf diese freundliche Frage, kommt die laterale Biegung in Richtung Reitplatzmitte gefühlvoll zum Einsatz. Wie Du die laterale Biegung richtig reitest erklären wir abf Seite 114.

Übergänge

Ob schneller oder langsamer, so gelingen ge-schmeidige Übergänge:

Eine Gangart höher schalten

Vom Prinzip her wendest Du die Phasen vom Anreiten an (siehe Seite 121). In Phase 1 stellst Du dem Pferd freundlich die Frage, ob es schneller gehen will, indem Du an die gewünschte Gangart denkst, Energie in Deinen Körper bringst und die Bewegung sowie den Takt von Trab oder Galopp gefühlvoll imitierst. Einfach ausgedrückt: Tue das

Freestyle-Reiten geht auch hervorragend im Galopp.

im Sattel, was Dein Pferd tuen soll. Dabei ist es auch wichtig, dass Du Dein Gewicht im Sattel richtig verlagerst. Dabei fällt uns oft Folgendes auf: Viele Reiter lehnen sich beim Angaloppieren nach vorne. Das wäre auch die richtige Reaktion für einen Renngalopp. Die meisten Reiter wollen allerdings einen gemächlichen Galopp reiten. Hierzu muss man das Gewicht aber tendenziell nach hinten verlagern, um dem Pferd das Anspringen so leicht wie möglich zu machen. Das Pferd soll ja nach vorne und oben mit den Vorderbeinen springen und gleichzeitig mit der Hinterhand unter den Schwerpunkt fußen.

Danach folgen die Phasen 2 bis 4, die wie beim Anreiten aufgebaut sind. Sobald das Pferd die Gangart gewechselt hat, passt Du Dich wieder der Energie Deines Pferdes an.

Typische Probleme, die auftreten können:
Das Pferd wechselt nicht in eine höhere Gangart. Hinterfrage Deine Phasen. Phase 4 ist so sanft wie möglich, aber so bestimmt wie nötig. Dein Ziel im Kopf muss sein, dass das Pferd trabt oder galoppiert – je nachdem, welche Gangart Du reiten willst.

Das Pferd wird nach den ersten Schritten in der höheren Gangart immer schneller.
Passt Du Dich wirklich Deinem Pferd an? Möglicherweise fühlt sich das Pferd durch eine erhöhte Körperspannung von Dir angetrieben. Abgesehen davon drosselst Du so wieder das Tempo: Wende die laterale Biegung an (siehe Seite 114). Sobald sich das Pferd im gewünschten Tempo befindet, lässt Du die Zügel wieder locker. Darüber hinaus kannst Du die Energie Deines Pferdes gut kanalisieren, indem Du Übergänge, Schlangenlinien sowie Volten reitest und zwischendurch immer mal wieder den indirekten Zügel anwendest (siehe Seite 119).

Das Klingeln am Zügel: Der Reiter führt die Hand nach oben.

Wichtig ist uns, dass Du Dir über die Reitbasics wie beispielsweise die richtige Gewichtsverlagerung im Sattel bewusst wirst. Auf dieses Thema näher einzugehen würde den Rahmen dieses Buches sprengen. Wir empfehlen hierzu Literatur von Dressur-Ausbilder Dr. Thomas Ritter, mit dem wir regelmäßig trainieren und der die Zusammenhänge sehr schön und verständlich erklären kann.

Eine Gangart runter schalten

Zum Durchparieren gibt es zwei Varianten:

1. Die laterale Biegung (siehe Seite 114). Ein Beispiel: Du galoppierst und willst in den Trab wechseln. Phase 1: Denke an Trab, atme aus und imitiere sanft die Bewegung von Trab. Reagiert das Pferd nicht, biegst Du langsam und sanft den Pferdehals bis das Pferd langsamer wird.

2. Klingeln am Zügel. Dazu nimmst Du einen Zügel mit einer Hand vor Deinem Oberkörper hoch. Um das Pferd zu verlangsamen, baust Du jetzt einen leichten Kontakt zum Pferdemaul auf, indem Du den Zügel nach oben führst (Spiel #2, Porcupine Game). Reagiert das Pferd nicht, zupfst Du mit Deiner Hand am Zügel. Wichtig ist, dass die Bewegung immer auf und ab geht und nicht rückwärts. Beginne mit einer minimalen Auf- und Abbewegung. Steigere die Intensität, bis das Pferd langsamer wird.

Lenken

Um das Pferd in die gewünschte Richtung zu dirigieren, benutzt Du den sogenannten direkten Zügel. Der direkte Zügel führt die Vorhand des Pferdes. Der rechte Zügel ist dabei verantwortlich fürs rechte Vorderbein, der linke fürs linke Vorderbein. Sinn und Zweck dieser Lenkung ist vor allem, dass Du dort ankommst, wo Du hin möchtest.

Lenken – Phase 1: Der Reiter schaut in die gewünschte Richtung.

Übe die Lenkung zunächst im Schritt.

So geht's:
- **Phase 1** – Blick in die gewünschte Richtung
- **Phase 2** – Der Oberkörper dreht in die gewünschte Richtung
- **Phase 3** – Äußeren Schenkel am Pferdebauch anlegen, inneren Schenkel öffnen. Er macht dem Pferd Platz zum Weichen.
- **Phase 4** – Mit dem inneren Zügel zeigst Du dem Pferd den Weg, indem Du den ausgestreckten Arm in die Richtung führst, bis das Pferd folgt. Der äußere Zügel liegt am Pferdehals an und dient dem Pferd als zusätzliche richtungsweisende Hilfe.

Typische Probleme, die auftreten können:
Das Pferd reagiert nicht.
Überlege, ob Du Deine Frage klar formuliert hast und die Phasen konsequent gesteigert hast. Bei Phase 4 kannst Du auch leicht den Zug am inneren Zügel etwas verstärken (Spiel #2), um dem Pferd den Weg zu weisen. Reagiert das Tier nicht, kannst Du die äußere Schulter mit Deinem Carrot-Stick im Rhythmus antippen und sie so in die gewünschte Richtung dirigieren (Spiel #3).

Das Pferd kreuzt die Hinterhand.
Möglicherweise verwechselt Dein Pferd die Hilfen mit dem indirekten Zügel. Achte noch mehr auf Deinen Fokus, und dass Du die Hand tatsächlich zur Seite führst. Darüber hinaus lehnen sich manche Reiter dabei nach vorne. Das Pferd kann diese Gewichtsverlagerung missverstehen. Du kannst die Schulter auch kontrollieren und zur Seite schicken, indem Du die äußere Schulter mit Deinem Carrot-Stick im Rhythmus antippen (Spiel #3l).

So geht's weiter:
Wenn Du die Vorhand im Schritt leicht zu beiden Seiten bewegen kannst, kannst Du an der Lenkung im Trab und Galopp feilen.

Lenken – Phase 2: Der Reiter dreht den Oberkörper in die gewünschte Richtung.

Lenken – Phase 4: Der Reiter zeigt den Weg mit den Zügeln an.

Die 9 Schritte zum Rückwärtsgehen

Im Parelli-Ausbildungsprogramm gibt es eine Übung, bei der das Signal fürs Rückwärtsgehen in neun Schritte aufgeteilt ist. Die ersten sieben Schritte sind dazu da, um einen Kontakt zum Pferdemaul herzustellen (Du reitest ja eigentlich mit locker durchhängenden Zügeln und musst die Zügel Schritt für Schritt erst wieder aufnehmen). Darüber dienen diese sieben Schritte dazu, das Pferd in einen schönen Rahmen von der Haltung her zu bringen. Die letzten beiden Schritte sind das Signal ans Pferd, den Rückwärtsgang einzule-

gen. Auf diese Art und Weise lernt vor allem der Mensch, sanft, langsam und klar mit dem Pferd zu kommunizieren.

So geht's:
Schritt 1 – Setze Dich entspannt in den Sattel. Dein Blick ist nach vorne gerichtet. Die Zügel hängen durch. Nimm das Zügelende in eine Hand und

Grundsätzlich empfehlen wir, die Hufschlagfiguren so genau und akkurat wie möglich zu reiten.

Rückwärts – Schritt 1.

Rückwärts – Schritt 2.

strecke den Arm vor Deinem Oberkörper so aus, bis Du einen leichten Kontakt zum Pferdemaul fühlst.

Schritt 2 – Greife mit der anderen Hand beide Zügel und fahre daran locker runter bis zum Widerrist.

Schritt 3 – Lass die obere Hand los und greife je einen Zügel mit einer Hand. Die Fäuste sind geöffnet, sprich Du hältst die Zügel nur ganz leicht mit Zeigefinger und Daumen fest.

Schritt 4 bis 7 – Schließe langsam die Hände,

indem Du einen Finger nach dem anderen von oben nach unten schließt.

Schritt 8 – Intensiviere den Kontakt zum Pferdemaul, indem Du die Zügel parallel leicht nach hinten führst. Die Ellenbogen bleiben dabei am Oberkörper.

»Je besser das Pferd unterm Sattel rückwärts und seitwärts geht, desto besser klappt alles andere beim Reiten.« *Pat Parelli*

Rückwärts – Schritt 3.

Rückwärts – Schritt 9.

Schritt 9 – Kippe Dein Becken nach hinten und ziehe den Bauchnabel zur Wirbelsäule. Jetzt erst sollte das Pferd rückwärtsgehen.

Schritt für Schritt zur gewünschten Reaktion:
Gib nach, sobald das Pferd einen Schritt rückwärtsgeht. Hat das Pferd das Prinzip verstanden, kannst Du auch mehrere Schritte verlangen, um letztendlich eine flüssige Rückwärtsbewegung zu erhalten. Dazu gibst Du nach jedem Rückwärtstritt leicht mit den Zügeln nach. Das ist für das

Pferd das Signal, dass es das Richtige tut, trotzdem aber weiter rückwärtsgehen soll.

Typische Probleme, die auftreten können:
Das Pferd reagiert nicht.
Bei einer guten Vorbereitung am Boden dürfte dieses Problem eigentlich nicht mehr auftreten. Falls doch, bleibe konsequent mit Deinen Hilfen dran und belohne das Pferd für jeden noch so kleinen Schritt in die richtige Richtung.

Klappt diese Übung bei Mensch und Pferd, reicht später nur oft nur ein Anheben der Zügel im 90-Grad-Winkel vor dem Oberkörper, dazu ein leichtes Zupfen nach oben und den Bauchnabel zurückzunehmen, damit das Pferd rückwärtsgeht.

Das Pferd geht bereits bei einem der Schritte 1 bis 8 zurück.
Steuere gegen, indem Du das Pferd mit Deinen Beinen umarmst und ihm so signalisierst, dass es momentan noch vorwärts denken soll. Das Pferd soll tatsächlich erst auf Schritt 9 rückwärtsgehen.

Das Pferd geht gegen den Druck nach vorne.
Manche Pferde machen das aus Unsicherheit. Baue beim nächsten Versuch weniger Druck auf. Andere Tiere haben das Prinzip vom Nachgeben noch nicht verstanden. Bei diesen Kandidaten musst Du konsequent dranbleiben oder gegebenenfalls absteigen und dem Pferd mit Hilfe vom Porcupine Game an der Nase das Prinzip nochmals erklären.

Das Pferd geht schief rückwärts.
Das ist anfangs in Ordnung. Wichtig ist, dass das Pferd zunächst das Prinzip versteht. Im Anschluss kannst Du beim Rückwärtsgehen die Richtung durch Anlegen Deiner Beine am Pferdebauch korrigieren.

So geht's weiter
Allein mit diesen paar simplen Übungen hast Du eine gute Basis fürs weitere Training im Sattel gelegt. Jetzt kannst Du alle Übungen kombinieren und sämtliche Bahnfiguren reiten, die Du kennst, wie Schlangenlinien, Volten oder einen Slalom um Pylonen. Sei kreativ und halte nach neuen Herausforderungen Ausschau.

Die Sieben Spiele im Sattel

Um die Basis noch weiter zu festigen, die Kommunikation zu verfeinern und das Training abwechslungsreicher zu gestalten, kannst Du jetzt die Sieben Spiele auch vom Sattel aus mit Deinem Pferd auf dem Reitplatz spielen.

Wie geht das? Ganz einfach! Hier kommt ein bisschen Inspiration, wie man die Sieben Spiele vom Sattel aus spielen kann:

Spiel #1 – Freundschaftsspiel
Auch im Sattel geht es beim Freundschaftsspiel um den Vertrauensaufbau beispielsweise zum Menschen, zu unbekannten Gegenständen oder Situationen. Du kannst Dein Pferd mit dem Prinzip von Annäherung und Rückzug an jeden neuen Gegenstand, wie etwa eine Pylone oder eine Plane auf dem Reitplatz, gewöhnen.

Wallach Fritz genießt das Abstreichen mit dem Carrot-Stick.

Ein Freundschaftsspiel ist aber auch, wenn Du das Pferd mit dem Carrot-Stick vom Sattel aus am Körper abstreichst. Hierbei geht es uns nicht darum, das Pferd zu desensibilisieren, sondern dass es unterscheiden lernt, welches Signal relevant (bspw. richtungsweisendes Signal mit dem Stick an der Schulter) und welches unbedeutend ist (Abstreichen mit dem Stick). Wie geht das? Orientiere Dich an der Beschreibung und den Prinzipien für das Freundschaftsspiel am Boden (siehe Seite 71). Ein Beispiel: Du kannst das Pferd beispielsweise mit dem Stick in einer rhythmischen Bewegung abstreichen. Lege zwischendurch immer wieder Pausen ein. Achte dabei ganz besonders auf Deine Körpersprache. Drücke Dich klar und verständlich aus und gib dem Pferd ein gutes Gefühl.

Ein Freundschaftsspiel wäre auch das unbeabsichtigte Berühren Deiner Unterschenkel am Pferdebauch. Wir beobachten, dass manche Tiere losschießen, wenn der Reiter mal aus Versehen das Pferd mit seinen Beinen berührt. Zum einen kann das passieren, weil das Pferd dem Menschen nicht vertraut, zum anderen, weil sich der Mensch sonst auch mit den Beinen nicht so klar ausdrückt und das Pferd jetzt verwirrt ist. Probiere es selbst aus: Kannst Du mit Deinem Pferd auf dem ersten Hufschlag ganze Bahn traben und es dabei mit

Ralf Heil spielt das Freundschafsspiel im Trab mit Stick an der Pferdeschulter.

Freundschaftsspiel: Ralf Heil kreist den Stick über dem Pferd im Galopp.

Stachelschwein-Spiel im Sattel: Die Reiterin berührt das Pferd mit ihren Schenkeln, um es beispielsweise zu animieren, vorwärts zu gehen.

Deinen Unterschenkeln am Bauch sanft abstreichen, ohne dass das Pferd dabei schneller wird? Klappt das, ist das grundsätzlich ein gutes Zeichen für Eure Beziehung. Wird das Pferd schneller, korrigierst Du es (laterale Biegung) und übst weiter ... bis das Pferd nicht mehr mit der Wimper zuckt, wenn Du mal aus Versehen mit dem Bein an den seinen Bauch kommst. Die Übung kannst Du auch im Galopp machen. Auch hier geht es nicht um eine Desensibilisierung, sondern darum, dass eher der Mensch lernt, sich mit seiner Körpersprache klar auszudrücken und dem Pferd das richtige Signal zu geben.

Noch ein Beispiel für ein Freundschaftsspiel: Schießt das Pferd gerne beim Angaloppieren los,

kannst Du das Problem vielleicht schon lösen, indem Du Übergänge reitest: Trab, dann angaloppieren und ein paar wenige Schritte galoppieren, dann wieder durchparieren in den Trab. Wiederhole diese Abfolge, bis das Pferd verstanden hat, dass es beim Angaloppieren nicht zu flüchten braucht. Auch das ist ein Freundschaftsspiel.

Spiel #2 – Stachelschwein-Spiel

Das Stachelschwein-Spiel im Sattel ist die Anwendung von Gewichts-, Zügel- und Schenkelhilfen. Wie am Boden wird auch beim Reiten der Druck bzw. Zug bei Bedarf stetig gesteigert, bis das Pferd reagiert. Um nicht ins Zerren oder Quetschen zu kommen, kannst Du dieses Spiel auch mit Spiel #3,

Bewegungsspiel: Der Reiter setzt den Carrot-Stick beim Reiten zur Kommunikation ein.

Jo-Jo-Spiel im Sattel: rückwärts und wieder vorwärts.

dem Bewegungsspiel, kombinieren. Das geht so: Geht das Pferd beispielsweise nicht auf leichten Zug am inneren Zügel in die gewünschte Richtung, kannst Du Deinen Carrot-Stick einsetzen und damit rhythmischen Druck an der äußeren Pferdeschulter ausüben, indem Du die Schulter mit dem Stick antippst, bis das Pferd in die gewünschte Richtung geht.

Spiel #3 – Bewegungsspiel

Bei diesem Spiel kommt rhythmischer Druck bzw. Zug ins Spiel. Zügelparaden oder das Antippen des Pferdes mit dem Carrot-Stick an der Kruppe, damit es schneller geht, sind beides Formen des Bewegungsspiels. Wie auch am Boden kann man dieses Spiel einsetzen, um Spiel #2, das Stachelschwein-Spiel, zu verbessern und das Pferd für feine Hilfen sensibler zu machen.

Spiel #4 – Jo-Jo-Spiel

Mit dem Jo-Jo-Spiel im Sattel verbesserst Du beispielsweise Übergänge oder auch Lektionen wie eine Schaukel. So geht's: Fahre die Energie runter, um anzuhalten und das Pferd ein paar Schritte rückwärts zu richten. Im Anschluss steigerst Du die Energie Deines Körpers, um das Pferd wieder vorwärts zu schicken. Nach und nach wird das Pferd immer geschmeidiger und aufmerksamer bei Tempowechseln.

Zirkel-Spiel: Das Pferd hält die vorgegebene Richtung und Geschwindigkeit bei, ohne dass der Reiter eingreifen muss.

Spiel #5 – Zirkel-Spiel

Bei diesem Spiel kommt es darauf an, dass das Pferd lernt, die vorgegebene Richtung und Geschwindigkeit einzuhalten. Das kannst Du auf einem Zirkel und auf Volten üben. Dabei lernt das Pferd obendrein, sich besser auszubalancieren, sich zu biegen und gewinnt so auch nicht zuletzt an Selbstvertrauen. Korrigiere das Pferd falls es vom Kurs abweicht oder das Tempo ändert. Du kannst das Spiel auch beispielsweise ganze Bahn oder im Gelände spielen.

Spiel #6 – Seitwärts-Spiel

Wer die Hinterhand und Vorhand seines Pferdes vom Sattel aus getrennt steuern kann, kann auch Seitwärtsgehen in sämtlichen Formen wie z.B. Schenkelweichen, Schulterherein oder Travers ausprobieren.

Spiel #7 – Engpass-Spiel

Ein Engpass-Spiel liegt vor, wenn eine Fluchtmöglichkeit des Pferdes vom Menschen eingeschränkt wird, wie beispielsweise der Weg nach vorne über eine Plane. Kommst Du mit Deinem Pferd an solch

Gerade Linien und Zirkel

Wusstest Du, dass gerade Linien träge Pferde eher motivieren, als Volten oder Zirkel? Um einem Faulpelz die Strecke schmackhaft zu machen, kannst Du beispielsweise von einem gedachten Punkt A zu Punkt B reiten, dem Tier dort eine Pause geben und ihm nach Möglichkeit einen Snack wie einen Büschel Gras oder ein Heunetz anbieten. Du wirst mit der Zeit merken, dass das Pferd plötzlich einen Sinn erkennt, von Punkt A zu Punkt B zu laufen. Es wird motivierter.

Aufgekratzte Pferde brauchen keine Motivation, sondern etwas, dass Sie beruhig. Dafür eignen sich Kreise (Zirkel oder Volten) hervorragend. Diese reitet man so lange, bis das Pferd wieder gelassen ist.

Das Engpass-Spiel über ein Hindernis.

Das Seitwärts-Spiel beim Reiten.

einen Engpass, fragst Du es, ob es den Engpass passieren möchte. Lass das Tier die Entscheidung selbstständig treffen. Dränge es nicht hindurch. Sobald das Pferd durch den Engpass geht, erlaubst Du dieses Verhalten. Nach dem Engpass, beispielsweise wenn das Pferd die Plane überquert hat, verschiebst Du die Hinterhand mit Hilfe des indirekten Zügels (siehe Seite 119). Der Sinn dahinter:

Berühre es-Spiel: Das Pferd berührt die blaue Tonne mit der Nase.

Das Pferd hat dann die Möglichkeit, sich den Engpass auch von der anderen Seite und mit beiden Augen anzuschauen.

Manche Pferde gehen langsam in den Engpass, werden dann aber schneller. Uns ist es wichtig, dass Eingangsgeschwindigkeit und Ausgangsgeschwindigkeit gleich sind. Übe in Ruhe mit Deinem Pferd, bis Du dieses Ziel erreicht hast.

Zusätzlich üben: Das Berühre es-Spiel

Auch das Berühre es-Spiel lässt sich hervorragend vom Sattel aus praktizieren. Gehe dabei vor, wie beim Berühre es-Spiel am Boden beschrieben (siehe Seite 107).

So geht's weiter

Reagiert Dein Pferd bei allen Übungen und Spielen auf feine Hilfen (Das Pferd sagt JA!) und musst Du immer seltener den Zügel einsetzen, kommst Du an den Punkt, an dem Du einen Ausritt starten kannst.

Raus mit Euch! So geht's spielerisch und sicher im Sattel ins Gelände

Wie schön – endlich geht's im Sattel nach draußen! Jetzt kommt es nur noch darauf an, dass Ihr beide Euch ans Ausreiten gewöhnt und ein gutes Team im Gelände werdet.

Unsere Empfehlung: Spiele mit Deinem Pferd vor jedem Ausritt zunächst am Boden auf dem Reitplatz die sieben Spiele, bis Du das Gefühl hast, dass Ihr beide gut miteinander verbunden seid. Dann steigst Du auf und achtest – auch hier zunächst auf dem Reitplatz –, dass Ihr fein miteinander kommunizieren könnt, und dass das Pferd Dir Aufmerksamkeit schenkt. Taste Dich dann im Sattel Schritt für Schritt ins Gelände. Das klappt ganz spielerisch, indem Du die bekannten Übungen wie beispielsweise das Freundschaftsspiel, Jo-Jo-Spiel, Seitwärts-Spiel oder Berühre es-Spiel allmählich nach draußen verlagerst. Das Prinzip vom langsamen »Heraustasten« ins Gelände haben wir

Gruppenübungen wie das Abteilungsreiten machen Pferd und Mensch sicherer.

bereits ab Seite 109 (Spaziergang nach draußen) beschrieben. Es ist das gleiche wie bei der Bodenarbeit, nur dass Du jetzt auf dem Pferd sitzt.

Ein anderer Weg, um sichere Routine zu bekommen, wäre, sich einem anderen Reiter anzuschließen. Wie man das in der Gruppe am besten angeht, erfährst Du ab Seite 139 (Gruppenübungen).

Ob alleine oder zusammen, wir wünschen Dir viel Freude mit Deinem Pferd beim Ausreiten. Mit unserem Basis-Kurs hast Du eine gute Grundlage

geschaffen, um einen sicheren und entspannten Ausflug ins Gelände zu unternehmen. Jetzt musst Du einfach auch im Sattel stets fühlen und spüren, wie es Deinem Pferd geht und was es gerade von Dir braucht, um losgelassen im Gelände zu sein.

Trotz der besten Vorbereitung kann es im Gelände allerdings immer mal zu Situationen kommen, in denen das Pferd nicht wie gewünscht reagiert. Typische Probleme und Lösungsideen findest Du ab Seite 148 (Notfall-Ratgeber).

Mehr Spaß im Gelände

Ausritt in der Gruppe

Was gibt es schöneres als einen Ausritt mit guten Freunden? Im folgenden Kapitel zeigen wir Dir einen Weg, wie Dein Pferd in der Gruppe gelassen bleibt und wie Du viel Freude beim Ausreiten mit Stallkollegen hast.

Mehr Spaß im Gelände – Ausritt in der Gruppe

Einleitung

Starten wir in dieses Kapitel mit einer These: Am meisten Spaß macht ein Ausritt mit anderen Reitern. Stimmst Du uns zu?

Nein? Dann bist Du nicht alleine. Viele Reiter meiden gemeinsame Ausflüge, weil ihr Pferd in der Gruppe zu einem kleinen Quälgeist wird: Das eine Tier will nicht vorne gehen, das andere nicht in der Mitte und im Galopp schießen ohnehin alle unkontrolliert los. Das macht wirklich keinen Spaß. Da sind wir ganz Deiner Meinung. In diesem Kapitel wollen wir Dir einen Weg zeigen, wie Dein Pferd in der Gruppe gelassener wird und wie Du wieder Freude am Ausritt mit Reiterfreunden findest.

Stimmt die Basis zwischen Dir und Deinem Pferd?

Um Dein Pferd grundsätzlich besser unter Kontrolle zu bekommen, ist das Übungsprogramm in diesem Buch eine absolute Voraussetzung. Mit den Übungen am Boden und im Sattel festigst Du die Partnerschaft zwischen Dir und Deinem Pferd und entwickelst eine gemeinsame Sprache. Nebenbei erreichst Du dabei, dass sich das Pferd an Dir orientiert und nicht mehr so auf andere Tiere fixiert ist. Kurzum: Ihr beide werdet ein echtes Team oder anders ausgedrückt Ihr werdet eine Zweierherde.

Die Zweierherde in der Gruppe

Viele Reiter unterschätzen einen Ausritt in der Gruppe. Die Pferde werden geputzt, gesattelt und ab geht's ins Gelände. Uns fehlt hierbei ein wichtiger Zwischenschritt, nämlich die Bekanntmachung der Zweierherden (Mensch und Pferd bilden eine Zweierherde) untereinander. In diesem Kapitel haben wir ein paar einfache und zugleich spaßige Übungen zusammengestellt, die Eure Zweierherden auf einen Ausritt vorbereiten. So startet Ihr positiv und entspannt ins Gelände!

Unserer Meinung nach ist es wichtig, dass jede Zweierherde auch in der Gruppe ein Team bleibt. Sprich das Ziel wäre es, dass Du trotz der Anwesenheit der anderen Pferde noch alles mit Deinem Pferd machen kannst, wie das Tempo selbstständig kontrollieren oder alleine von der Gruppe wegzureiten.

Vorbereitung auf dem Reitplatz

Immer schön der Reihe nach

Diese Gruppenübung ist simpel, aber effektiv: Jeder Reiter schnappt sich einen Carrot-Stick. Dann geht's im Schritt hintereinander her. Der erste Reiter gibt die Hufschlagfigur und das Tempo vor. Keiner darf überholen.

Vorbereitung auf dem Reitplatz – immer schön der Reihe nach.

Der vordere Reiter hält das aufdringliche hintere Pferd mit dem Carrot-Stick auf Abstand.

Das Freundschaftsspiel in der Gruppe.

Wichtige Voraussetzung für die Gruppenübungen mit dem Stick: Du hast Dein Pferd vorher mittels des Freundschaftsspiels an den Carrot-Stick gewöhnt (s. Seite 130 – Freundschaftsspiel im Sattel). Noch besser: Auch die anderen Reiter haben vom Pferd aus vorher dieses Spiel mit Deinem Pferd gespielt.

Drängelt ein Pferd, sagt der Reiter dem Vordermann sofort Bescheid. Dieser nimmt daraufhin beide Zügel in eine Hand und den Stick in die andere. Der Vordermann führt den Stab anschließend hinter seinen Rücken, ohne sich dabei umzudrehen und wedelt mit dem Stick, bis die Nase des aufdringlichen Pferdes auf Abstand geht. Der Schwung mit dem Stick imitiert quasi ein abwehrendes Schweifschlagen.

Überholmanöver machen Pferde cool auf jeder Position.

Mit dieser Technik muss der eigentliche Reiter das Pferd nicht zurückhalten und bleibt in guter Erinnerung bei seinem Pferd. Dafür spielt der Vordermann in diesen Moment den Buhmann.

Klappt die Übung im Schritt, solltet Ihr auch einen gemeinsamen Trab und Galopp üben.

Cool auf jeder Position

Vorne, in der Mitte oder am Schluss, viele Pferde haben einen Lieblingsplatz in der Gruppe. Damit die Tiere nicht nervös werden, wenn sie mal auf einer anderen Position gehen, hilft diese Übung.

Alle Reiter formen im Schritt eine Abteilung. Dann schert der letzte Reiter aus, überholt die Gruppe und setzt sich an die Spitze. Jetzt folgt der nächste Reiter von ganz hinten und so weiter bis alle an der Reihe waren.

Ziel: Jedes Pferd läuft entspannt vorne, in der Mitte und am Schluss der Gruppe. Probiert dieses Überholmanöver auch im Trab und Galopp.

Das bringt mehr Routine: Gruppenübungen im Gelände.

Ein Slalom geht auch mit nur drei Pferden.

Übt das Abteilungsreiten auf dem Platz in allen Gangarten – auch im schnellen Galopp. Raus geht's erst, wenn sich alle Reiter sicher fühlen und die Pferde cool bleiben.

Klappt die erste Positionsübung, könnt Ihr einen Slalom wagen. Das löst die Pferde noch mehr von ihrem Lieblingsplatz. So funktioniert's: Die Abteilung geht Schritt. Dann beschleunigt der letzte Reiter und dirigiert sein Pferd im Slalom zwischen den anderen Pferden durch. Im Anschluss legt der nächste Reiter von hinten nach und so weiter bis jeder dran war. Klappt das, kann man den Slalom auch mit allen Pferden im Trab und Galopp üben.

Mit der Gruppe im Gelände unterwegs

Habt Ihr die Pferde zu Hause gut vorbereitet, steht einem gemeinsamen Ausritt nichts mehr im Weg. Wir empfehlen Euch, die beschriebenen Gruppen-Übungen auch unbedingt im Gelände zu üben. So werden Eure Pferde von Mal zu Mal gelassener und routinierter in der Gruppe. Darüber hinaus sorgen die Übungen für Abwechslung und viel Spaß beim Ausritt!

Mit der richtigen Vorbereitung kein Problem: die Trennung von der Gruppe im Gelände.

Trotz guter Vorbereitung kann es in der Gruppe im Gelände zu Problemen kommen. Typische Notfälle wie »Mein Pferd ist im Galopp nicht mehr zu halten« greifen wir im Notfall-Ratgeber ab Seite 148 (Notfall-Ratgeber) auf.

Entspannte Trennung von der Gruppe im Gelände

Was, schon so spät? Manchmal kommt man beim Ausritt in der Gruppe um eine Trennung nicht herum, beispielsweise wenn man früher als die anderen Reiter nach Hause muss. Damit sich im Ernstfall kein Pferd aufregt, solltet Ihr die Situation mit den Pferden vorher quasi als Trockentraining üben.

So gewöhnst Du Dein Pferd stressfrei an den Abschied:

Bildet beim Ausritt im Schritt eine Abteilung. Du bist der letzte Reiter. Starte dann ein Überholmanöver und reite vor die Gruppe. Dort angekommen drehst Du um, indem Du den indirekten Zügel anwendest und so die Hinterhand kreuzen lässt. Ist das Pferd dabei nervös? Dann drehe so lange auf der Stelle im ruhigen Tempo, bis das Pferd sich entspannt. Die anderen Reiter sollten in diesem Fall am besten anhalten. Im Anschluss reitest Du wieder zurück und vorbei an der Abteilung. Hinten angekommen, drehst Du um und wiederholst die Übung, bis Dein Pferd völlig cool dabei ist. Das kann bei den ersten Versuchen unter Umständen etwas länger dauern. Habe Geduld mit Deinem Pferd! Lass es bewusst an den Punkt kommen, an dem die Übung zur Routine wird und es sich daran gar nicht mehr stört.

Erst wenn Dein Pferd bei dieser Übung entspannt bleibt, kannst Du den Abstand zur Gruppe vorne wie auch nach hinten allmählich vergrößern. Im letzten Schritt reitest Du außer Sichtweite der anderen Pferde. Auf diese Art und Weise kann jeder Reiter die Trennung mit seinem Pferd üben.

Notfall-Ratgeber …

... für typische Probleme im Gelände

Scheuen, Durchgehen und Nach-Hause-Eilen –
drei typische Probleme, die viele Reiter mit ihren
Pferden im Gelände haben. Im folgenden Kapitel
findest Du Tipps für den Notfall.

Notfall-Ratgeber für typische Probleme im Gelände

Haflinger Willi geht ganz entspannt vom Hof. Das machen nicht alle Pferde so problemlos mit.

Einleitung

In diesem Kapitel findest Du typische Probleme, die im Gelände – sowohl beim Spazierengehen als auch beim Ausreiten – auftreten können. Für jedes Problem haben wir Notfall-Tipps zusammengestellt, die auf die unterschiedlichen Pferdepersönlichkeiten abgestimmt sind. Die Tipps können dementsprechend für ein Left Brain-Pferd anders ausfallen als für einen Right Brain-Typen. Welchen Charakter Dein Pferd besitzt, kannst Du mit Hilfe von Kapitel 4 herausfinden.

Solche Notfall-Strategien bezeichnen wir auch gerne als einen sogenannten Quick Fix. Übersetzt bedeutet das eine vorrübergehende, provisorische Lösung des Problems. Der Quick Fix dient dementsprechend dem Reiter in der jeweiligen Situation sofort als Hilfe. Auch Reitern, die zuvor noch nie Horsemanship mit ihrem Pferd gemacht haben, können unsere Tipps helfen.

Ganz wichtig: Ein Quick Fix lindert nur das Symptom in der jeweiligen Situation, beseitigt jedoch in den wenigsten Fällen die eigentliche Ursache. Das Problem muss an der sprichwörtlichen Wurzel gepackt werden, um es langfristig in den Griff zu bekommen. Das geht mit Horsemanship und dem Übungsprogramm in diesem Buch.

Die Tipps in diesem Notfall-Ratgeber haben sich unserer Erfahrung nach bewährt. Nicht ausschließen können wir, dass es Ausnahmen gibt. Wenn Du mit dem Quick Fix keinen Erfolg hast, solltest Du Dich am besten an einen professionellen Trainer wenden.

Beim Ausreiten entschärft im Notfall übrigens ein Tipp jedes Problem: absteigen und das Pferd führen. Was oft als eine reiterliche Schwäche ausgelegt wird, ist im Zweifelsfall die sicherste und klügste Lösung.

Notfall-Ratgeber

Das Pferd geht nicht vom Hof

Manche Pferde kommen schon nach wenigen Schritten auf dem Stallgelände ins Stocken. Dieses Verhalten kann auch erst wenige Meter nach dem Hoftor auftreten. Es scheint, als wäre eine unsichtbare Grenze erreicht, die das Tier partout nicht

Schlägt das Pferd zu Hause Wurzeln, kann es der Reiter zum Vorwärtsgehen motivieren, indem er beispielsweise die Vorhand bewegt.

überschreiten möchte. Wer in diesem Moment versucht, das Pferd mit Gewalt darüber hinweg zu treiben oder den Vierbeiner beim Führen am Strick hinter sich herzieht, der riskiert heftige Reaktionen vom Pferd wie beispielsweise Zurückrennen oder Steigen.

Was steckt hinter dem Verhalten und welche Tipps helfen?

Ursache Nr. 1:
Das Pferd stockt, weil es lieber bei seinen Artgenossen bleiben möchte. Verhaltensexperten sprechen hierbei vom Kleben. Ob das die Ursache ist, findest Du leicht heraus, indem Du einen Stallkollegen bittest mit seinem Pferd vorweg zu gehen. Ist Dein Pferd wie ausgewechselt, wenn es dem Kumpel folgt?

Die einfachste und schnellste Lösung des Problems: Frag den Stallkollegen, ob er nicht Lust und Zeit hat, eine Runde mit Dir zusammen ins Gelände zu gehen. Das ist aber bitte nur eine Übergangslösung. Langfristig sollte Dein Pferd gerne mit Dir alleine vom Hof gehen.

Du kannst das Problem auch gut vom Boden aus lösen: Gehe zunächst auf den Reitplatz und spiele die Sieben Spiele vom Boden aus mit Deinem Pferd. So baust Du eine Verbindung zu Deinem Pferd auf, die möglicherweise vorher gefehlt hat. Hast Du ein gutes Gefühl mit Deinem Pferd an der Hand, kannst Du Dich wieder dem Hoftor widmen. Spiele Spiel #3, das Bewegungsspiel, mit Deinem Pferd am Boden. Hierbei nimmst Du den Strick oder die Zügel in eine Hand und läufst auf Höhe der Sattellage neben dem Pferd. Das ist die Position, die Du auch beim Reiten einnimmst. So ermutigst Du das Tier, selbstbewusst vorweg zu laufen und trotzdem Deinen Hilfen zu folgen. Klappt das in sicherer Entfernung zur gedanklichen Grenze des Pferdes, tastest Du Dich allmählich ins Gelände vor. Nimm Dir dafür die Zeit, die Dein Pferd braucht, um die imaginäre Barriere freiwillig zu passieren.

Wer das Problem vom Sattel aus in Griff bekommen möchte, hat – je nach Pferdepersönlichkeit – zwei Möglichkeiten, wobei wir Dir auch hier empfehlen, zunächst mit Hilfe der Sieben Spiele auf dem Reitplatz vom Boden aus eine gute Verbindung zu Deinem Pferd herzustellen.

Left Brain-Typ: Suche Dir ein klares, nahes Ziel hinter der vermeintlichen Grenze des Pferdes wie beispielsweise einen Baum oder ein Schild. Fokussiere dieses Ziel mit deinen Augen, damit das Pferd merkt, dass Du einen Plan hast, wo es langgeht. Motiviere Dein Pferd vorwärts zu gehen, indem Du so wenig Druck wie möglich, aber so viel wie nötig anwendest. Sobald Du das Fokus-Ziel erreicht hast, gibst Du dem Pferd eine Pause und lobst es ausgiebig. Bei manchen Pferden kann es auch hilfreich sein, bereits Zwischenschritte zu belohnen.

Right Brain-Typ: Lass das Tier zunächst an seiner gedachten Barriere stehen bleiben und warte einen Moment ab, ohne es vorwärts zu drängen. Manche Tiere laufen erst weiter, wenn sie die Situation kurz in Ruhe analysieren konnten. Schlägt das Pferd Wurzeln, musst Du es auf andere Gedanken bringen, indem Du beispielsweise eine Vorhandwendung auf der Stelle abfragst. Die Richtung ist dabei egal. Man sollte selbst nur ruhig und locker im Sattel bleiben. Macht das Pferd aus der Übung heraus plötzlich von sich aus einen Schritt nach vorne, also in die richtige Richtung, hört man mit der Vorhandwendung auf. Freue Dich über diesen Mini-Erfolg. Das Pferd merkt so, dass Du sein Problem ernst nimmst und es zu nichts zwingst, wozu es gerade vom Kopf her nicht in der Lage ist. Wiederhole die Übung, bis das Pferd von sich aus vorwärtsdrängt.

Ob im Sattel oder am Boden, wer erfolgreich die erste gedankliche Hürde des Pferdes überschritten hat, stößt oft genug wenige Meter später an eine neue Barriere im Kopf des Pferdes. Hier hilft nur: Nimm auch diese Grenze ernst und taste Dich erneut heran.

Ursache Nr. 2:
Andre Pferde möchten nicht ins Gelände gehen, weil ihnen die Gestaltung des Ausflugs grundsätzlich zu langweilig ist (**Left Brain-Typen**). Beispielsweise haben Sie keine Lust auf die typische gleiche Montagsrunde oder einen Ausritt nur im Schritt. Andere Pferde wiederum fürchten sich vor dem Gelände (**Right Brain-Typen**).

Hinterfrage Dich selbst, ob Du den Ausflug ins Grün auf die Wünsche des Pferdes anpasst und probiere aus, was dem Tier im Gelände Spaß macht, was ihm Sicherheit gibt und was das Pferd motiviert, so dass es beim nächsten Mal gerne mit Dir vom Hof geht. Mehr Informationen über die unterschiedlichen Wünsche von Pferden liest Du ab Seite 28.

Das Pferd scheut im Gelände

Im Gelände lauert überall Gefahr. Viele Pferde erschrecken vor fahrenden Autos, Vögeln, die aus dem Gebüsch flattern, oder Spaziergängern mit Hund. Das sind nur drei Beispiele von vielen. Mit diesen Notfall-Tipps meisterst Du solche Schreckmomente im Gelände.

Typischer Schreckmoment im Gelände:
Das Pferd muss an einem Auto vorbeigehen.

keinen Fall vorwärts, indem Du beispielsweise mit den Beinen an seinen Bauch klopfst oder beim Führen hinter Dir herzerrst, sonst kann die Situation eskalieren. Entferne Dich ein paar Meter vom Schreckgespenst, bis das Pferd wieder besser ansprechbar ist. Hole Dir jetzt die Aufmerksamkeit des Pferdes, indem Du Übungen abfragst, die das Tier kennt und gerne macht, wie beispielsweise eine Volte oder ein Seitwärts. Versuche dabei den Strick oder die Zügel so locker wie möglich zu halten. Ein ängstliches Pferd wird nur noch unsicherer, wenn es sich eingeengt fühlt. Das Pferd als Fluchttier muss das Gefühl haben, dass es sich bewegen kann. Sobald das Pferd wieder mit den Gedanken bei Dir und der Übung ist, kannst Du Dich dem Angstauslöser Schritt für Schritt nähern. Will das Tier partout nicht vorwärtslaufen, kannst Du es ein paar Schritte rückwärtsrichten. Achte dabei darauf, dass die Pferdenase immer aufs Schreckgespenst gerichtet bleibt. Sobald das Pferd von sich aus stehen bleibt, frag es freundlich wieder nach vorne zu gehen. Spürst Du, dass sich das Tier wieder anspannt, bleibst Du erneut stehen und gibst dem Pferd eine kurze Pause. Lass das Pferd dann wieder ein paar Schritte zurückgehen. Ist das Pferd wieder ruhig, bleibst Du stehen, machst eine kurze Pause und setzt anschließend zu einem erneuten Versuch an. Wiederhole die Übung, bis Du ganz nah am Angstauslöser bist

Zuckt das Pferd oder macht es einen kleinen Satz zur Seite sollte man am besten darauf nicht eingehen und schon gar nicht das Pferd dafür bestrafen. Heikel wird's, wenn das Pferd einfriert. Mögliche Anzeichen: das Pferd hält an oder geht nur zögerlich vorwärts, hebt den Kopf, prustet und die Muskeln sind angespannt. Kurzum: das Pferd hat Angst. Der Kopf schaltet in den **Right Brain-Modus.** Zwinge Dein Pferd in dieser Situation auf

Manche Pferde sind nach einem Schreckmoment wie aufgestachelt. Lasse Dich davon nicht anstecken! Prüfe lieber, ob Du entspannt bist. Oft hat man nach solch einer Situation selbst zittrige Knie. Das Pferd spürt das genau. Ist Dein Pferd auch noch angespannt? Dann blättere zum Notfall-Ratgeber »Das Pferd ist nervös im Gelände« (ab Seite 159).

oder sogar daran vorbeigehen kannst. Es ist wichtig, dass Du immer die Angstschwelle des Pferdes respektierst und es nicht überreizt. Ebenfalls solltest Du einen gewissen Rhythmus beibehalten. Bei dieser Strategie handelt es sich übrigens um Spiel #1, das Friendly Game mit Annäherung und Rückzug, in praktischer Anwendung im Gelände.

Alternativen: Du kannst auch in Schlangenlinien zum Angstauslöser gehen oder einen großen Kreis herumlaufen, damit sich das Pferd das Schreckgespenst von der anderen Seite anschauen kann. Manche Pferde gehen auch gerne seitwärts daran vorbei oder werden durch ein Squeeze Game ruhiger. Warum? Beim Kreuzen der Hinterbeine kommt das Pferd wieder ins Denken. Achte bei allen Versuchen immer darauf, dass die Pferdenase auf den Angstauslöser gerichtet bleibt.

Ziel aller Versuche sollte sein, dass das Pferd ruhig neben dem Angstauslöser stehen bleibt und nach Möglichkeit daran schnüffelt. Lass gerne auch das Pferd neben dem vermeintlichen Schreckgespenst grasen, dann verknüpft es das Ungeheuer mit etwas Angenehmem. Keinesfalls sollte man das Tier am Schreckgespenst vorbeirennen lassen. Der Lerneffekt ist in diesem Fall gleich Null, und es besteht die Gefahr, dass das Pferd dabei durchgeht.

Langfristig helfen die Sieben Spiele dabei, dem Pferd Selbstvertrauen zu geben und damit auch die Beziehung zum Menschen zu verbessern.

Manche Pferde haben keine große Angst vor Schreckgespenstern, möchten aber trotzdem nicht daran vorbeigehen. Dabei handelt es sich um selbstbewusste Pferde, sogenannte Left Brain-Typen. Sie haben möglicherweise durch ihren unsicheren Besitzer gelernt, um solche Objekte einen großen Bogen zu machen. Akzeptiert der Mensch dieses Verhalten, fühlt sich das Pferd bestärkt und es entwickelt ein gewisses Ritual für solche Situationen.

Bei diesem Pferdetyp muss der Mensch konsequent die Führung übernehmen. Wenn Du Dich einem Schreckgespenst näherst, dann gibt es nur eine Richtung fürs Pferd: geradeaus drauf zu. Die Pferdenase richtest Du dabei auf das angsteinflößende Objekt. Will das Pferd ausweichen, korrigierst Du den Kurs. Will das Pferd stehenbleiben, ist das o.k. Es darf diese Pause aber nicht nutzen,

Angst im Sattel – so bleibt der Reiter cool

In Schreckmomenten verkrampfen viele Reiter im Sattel. Die Gefahr: Überträgt sich diese Anspannung aufs Pferd, kann das die Situation verschlimmern. Ängstliche Tiere (Right Brain-Typen) möchten flüchten und selbstbewusste Pferde (Left Brain-Typen) verweigern schlichtweg die Mitarbeit. Daher lautet das oberste Gebot in brenzligen Situationen: der Reiter sollte ruhig, entspannt und freundlich bleiben. Am besten lächelt man den Schreck einfach weg.

Leichter gesagt als getan. Man verspannt ja nicht absichtlich im Sattel. Ein simpler Trick kann helfen: Sobald man etwas sieht, was dem Pferd Angst einflößen könnte, denkt man oft selbst: »Oh je, gleich wird's brenzlig.« Das ist ein völlig verständlicher Gedanke, der aufgrund unserer Erfahrung ungewollt in den Kopf schießt. Vermeide trotzdem, Dir in solch einer Situation bewusst vorzustellen, was alles passieren könnte. So gefährlich wird es schon nicht werden. Im Zweifelsfall kannst Du immer ganz schnell absteigen und das Pferd führen. Da bricht Dir kein Zacken aus der Krone. Sicherheit geht vor.

Wir selbst haben im täglichen Training immer wieder unsichere Reiter, die wir coachen dürfen. Um diese Reiter intensiver betreuen zu können und Ihnen besser zu helfen, bieten wir auf unserem Hof ein spezielles Persönlichkeitstraining für Reiter in Zusammenarbeit mit einer Therapeutin an. Dieses Angebot greift sehr tief, denn wir stellen immer wieder fest: Der Körper ist das Sprachrohr der Seele. Viele Reiter sind permanent angespannt im Sattel und treiben so das Pferd unbewusst die ganze Zeit vorwärts. Oft spielen in unserer Körpersprache auch Themen aus der Vergangenheit eine große Rolle. Das sprichwörtliche Päckchen, das jeder mit sich trägt, tragen wir stets bei uns und drücken das unbewusst aus. In diesem Persönlichkeitstraining helfen wir Reitern mit ihren Päckchen umzugehen und über gezielte Übungen entspannter im Sattel zu sein. Alle Informationen dazu findest Du auf unserer Homepage: www.birkenhof-heil.de

um rückwärts zu gehen oder sich zur Seite zu drehen. Jeden Schritt nach vorne darfst Du gerne loben. Bleibe konsequent und ruhig dran, bis Du das Ziel erreicht hast.

Das Pferd geht durch

Ein Pferd außer Rand und Band ist der Albtraum eines jeden Reiters. Viele Tiere ignorieren in dieser Situation die üblichen Hilfen des Menschen. Instinktiv greift man daher heftig in die Zügel, um

Auf einer großen Wiese kann sich das Pferd ausgaloppieren.

das Tier zu stoppen. Der Zug am Zügel verstärkt häufig jedoch nur die Panik des Tiers und stachelt es weiter auf. Mit diesen Notfall-Tipps stoppst Du Dein Pferd schnell, zuverlässig und sicher.

Bremse für weites Gelände

Wer rundum Platz hat, wie beispielsweise auf einer großen Wiese, wendet zunächst auf einen großen Zirkel ab. Auf der Kreisbahn bist Du schon mal sicherer. Hier kann das Pferd rennen, bewegt sich aber nur im Kreis. Im besten Fall schaffst Du es, das Pferd nach ein paar Runden mit den ge-

wohnten Hilfen sanft anzuhalten. Ehrlicherweise müssen wir zugeben, dass nicht alle Reiter in so einem Schreckmoment dazu in der Lage sind, aber wir wollen zumindest sagen, dass es diese Möglichkeit gibt. Für alle Reiter, denen der Schock in den Knochen steckt, haben wir diese Empfehlung: Lass das Pferd auf der Kreisbahn rennen, und versuche allmählich den Kreis zu verkleinern, bis das Tier von selbst etwas langsamer wird. Fürs finale Stoppen wendest Du den Pferdekopf zur Seite, indem Du so zügig wie möglich an einem Zügel mit der Hand runter Richtung Gebiss fährst, die

Gib Gas! Der Reiter sollte dem Pferd ermöglichen, die angestaute Energie rauszulassen.

Finger schließt und die Faust in Richtung Deines Oberschenkels führst, bis der Kopf sich dreht und das Pferd stoppt. Das erfordert etwas Übung – gerade im Galopp. Wie Du den Nothalt auf dem Reitplatz trainierst, erfährst Du ab Seite 118 (Nothalt/laterale Biegung).

Anhalten auf schmalen oder rutschigen Wegen oder wenn das Pferd so angespannt ist, dass es den Kopf nicht zur Seite wenden kann:
Hebe einen Zügel an, und bewege die Hand rhyth-misch hoch und runter bis das Pferd steht. Wie stark Du am Zügel ruckst, hängt davon ab, wie viele Meter Du zum Anhalten zur Verfügung hast.

Das Pferd ist nervös im Gelände
Manche Pferde sind draußen wie aufgestachelt und tänzeln über die Wege. Wer versucht, das Pferd durch Zug am Strick oder Zügel in Schach zu halten, verschlimmert häufig nur die Situation. Nutze stattdessen die vorhandene Energie des Pferdes, indem Du sie richtig kanalisierst und gehe

Beide Notstopps sind wirklich nur für den Notfall gedacht. Diese beiden Tipps haben nichts mit feinem Reiten zu tun. (Es handelt sich jeweils um eine Phase 4!) In so einer Situation geht es lediglich um die Sicherheit von Pferd und Mensch.

auf seine Bedürfnisse ein. Ganz wichtig: Lass Dich nicht von der Nervosität Deines Vierbeiners anstecken, denn das Pferd spürt das genau. Bleib stattdessen entspannt.

Left Brain-Typ: Wer ein Tier hat, das grundsätzlich eher mutig und ruhig ist, der sollte seinem Pferd ermöglichen, die angestaute Energie rauszulassen. Das klingt paradox, funktioniert aber, weil der Mensch auf die Bedürfnisse des Pferdes eingeht, nämlich den Vorwärtsdrang. Dazu lässt man es einfach ein klein wenig über dem Tempo laufen, das es gerade gehen möchte, bis es von alleine langsamer und ruhiger wird. Den Tipp kannst Du im Schritt, Trab oder Galopp anwenden. Unsere Erfahrung: Je schneller das Tempo, desto eher beruhigt sich das Pferd.

Right Brain-Typ: Pferde, die von Natur aus eher instinktiv handeln, ängstlich und misstrauisch sind, müssen zum Nachdenken gebracht werden: Gehe Volten oder lasse das Pferd seitwärts laufen. Um dabei nicht zu stolpern oder gar hinzufallen, muss das Pferd zwangsläufig den Kopf einschalten. Denken beruhigt. Wiederum andere brauchen Konzentrationsübungen beispielsweise im Unterholz. Lasse das Pferd über Äste und Baumstämme gehen. Auch hier muss das Tier den Kopf einschalten, um die Beine richtig zu setzen, und wird so allmählich ruhiger. Falls solche Abstecher ins Unterholz bei Dir gesetzlich nicht erlaubt sind, kannst Du nach anderen Herausforderungen wie einem kleinen Hügel oder unebenen Bodenverhältnissen Ausschau halten.

Das Pferd hält draußen oft an und will nicht freiwillig vorwärtsgehen

Siehe dazu Notfall-Ratgeber »Das Pferd geht nicht vom Hof«. Die dort beschriebenen Tipps kannst Du auch bei ungeplanten Stopps im Gelände anwenden.

Das Pferd schnappt ständig nach Gras am Wegrand

Im Gelände lockt in den warmen Monaten überall frisches Gras. Steckt Dein Pferd auch so gerne die Nase ins Grün, ohne vorher um Erlaubnis zu fra-

Picknick im Grünen: Wie bekommt man das Pferd davon wieder los?

gen? So bringst Du Deinem Pferd gute Fress-Manieren bei:

Beim Spaziergang: Nimm zum Anti-Fress-Training Deinen Carrot-Stick mit, und führe das Pferd auf eine Wiese, der es nicht widerstehen kann. Bevor das Tier eigenständig die Nase ins Grün steckt, erlaubst Du es ihm, indem Du aufs Gras zeigst.

Nach ein paar Happen beendest Du das Picknick. So hebt das Pferd wieder den Kopf: Halte den Führstrick locker in der Hand. Daran wird nicht gezogen. Gib dem Pferd ein akustisches Signal zum Weitergehen wie ein Küsschen (Phase 1). Lässt das Pferd nicht vom Gras ab, hebst Du neben dem Pferd den Stick an (Phase 2). Warte zirka drei Sekunden. Lässt sich die Naschkatze auch davon nicht beeindrucken, wackelst Du mit dem Stöckchen auf und ab (Phase 3). Letzte Ermahnung (Phase 4): Tippe mit dem Ende des Sticks rhythmisch auf die Kruppe, den Bauch oder die Beine – je nachdem, welche Körperstelle Du erreichst. Reagiert das Pferd nicht auf eine leichte Berührung, musst Du dranbleiben. Sei bestimmt, aber keinesfalls aggressiv. Wichtig: Gib nicht auf, sonst lernt das Pferd, dass es damit durchkommt, und beim nächsten Mal hast Du es nur noch schwerer. Sobald das Pferd den Kopf angehoben hat, läufst Du weiter. Schon nach ein paar Schritten erlaubst

Nicht Grasen – Phase 2: Der Mensch hebt den Stick an.

Du dem Tier wieder zu grasen und probierst aus, auf welches Signal das Pferd damit aufhört. Alles richtiggemacht: Dein Pferd reagiert nach einigen Wiederholungen schon auf das Küsschen oder das Anheben des Sticks.

Beim Reiten: Um die Gier nach Gras auch vom Sattel aus in den Griff zu bekommen, brauchst Du die Vorbereitung beim Spaziergang. Klappt das, kannst Du das Anti-Fress-Training im Sattel fortsetzen. Dazu nimmst Du auch beim Reiten einen Carrot-Stick mit ins Gelände. Sei unterwegs aufmerksam: Spürst Du, dass das Pferd gleich nach Gras schnappen will, so stellt es Dir in diesem Moment quasi die Frage, ob es das darf. Möchtest Du das nicht, kannst Du das Küsschen anwenden. Eine andere Strategie für besonders gierige Pferde: Beschäftige Dein Pferd mit Aufgaben, wenn es nach Gras schnappen will. So machst Du im das Verhalten gewissermaßen unangenehm, denn es muss sich anstrengen. So lernt das Pferd, dass es bequemer ist, nicht mehr nach Gras zu schnappen, sondern zu warten, bis Du ihm das Fressen erlaubst. Zu Beginn der Beziehungsarbeit, sprich wenn wir ein Pferd neu kennen gelernt haben, erlauben wir das Grasen dem Tier nur, wenn es uns vorher fragt. Diese Regel lockern wir gerne, wenn die Partnerschaft gefestigt ist.

Phase 2: Der Reiter hebt den Stick auf Schulterhöhe des Pferds an.

Pferd mit dem Stick auf der Kruppe an. Wer ein Pferd hat, das dabei ausschlägt, nimmt lieber die Schulter. Ist der Pferdekopf oben, kannst Du weiterreiten.

Das Pferd ist draußen eilig unterwegs

Viele Pferde entwickeln im Gelände eine ungeahnte Lauffreude. Selbst das bravste Pferd kann im Gelände mal so richtig Gas geben. Das kann an Dingen liegen, die wir durch einen Quick Fix nicht lösen können wie etwa:

Ursache Nr. 1:
Angestaute Energie durch zu wenig Bewegung im Stall.

Ursache Nr. 2:
Der Mensch passt den Ausflug nicht an die Wünsche des Pferdes an.

Ursache Nr. 3:
Ebenso kann der Mensch an sich der Grund sein: Wer gestresst ist, überträgt die Unruhe aufs Pferd. Ebenso spürt das Tier, wenn der Mensch ängstlich

Hat das Pferd zugeschnappt, hilft die Strategie, die Du beim Spaziergang schon geübt hast. Im Idealfall hebt das Pferd bereits auf ein Küsschen den Kopf (Phase 1) und Du kannst weiterreiten. Grast das Tier unbeeindruckt weiter, kommt der Carrot-Stick zum Einsatz. Erst hebst Du nur den Stick auf Schulterhöhe des Pferdes an (Phase 2). Grast das Pferd unbeeindruckt weiter, wackelst Du mit dem Stick auf und ab (Phase 3). Die letzte Ermahnung vom Sattel aus (Phase 4): Tippe das

Naschen ja oder nein – alles eine Frage der Einstellung

Statt Deinem Pferd das Schnappen nach Gras ständig zu verbieten, kannst Du auch diese Strategie ausprobieren: Erlaube dem Pferd so oft wie möglich zu grasen. Das klingt paradox, stärkt aber langfristig Deine Führungsqualitäten.

Wichtig dabei: Du bestimmst wann und wie lange gefuttert wird. Wer die Nascherei so konsequent kontrolliert, der wird nach einer gewissen Zeit ein Pferd haben, das sich nicht unerlaubt am Wegrand festbeißt, sondern das den Reiter vorher um Erlaubnis fragt.

Darüber hinaus sind die Pferde unserer Erfahrung nach viel entspannter, wenn man immer mal wieder eine Fresspause einlegt.

ist, beispielsweise, weil er sich im Sattel versteift oder mit den Knien klemmt.

Ursache Nr. 4:
Das Pferd hat Schmerzen, beispielsweise durch einen unpassenden Sattel oder durch Rückenprobleme.

Prüfe, welche Ursache auf Dich und Dein Pferd zutrifft, und setze Dich damit auseinander, um das Problem langfristig aus der Welt zu schaffen. Abgesehen davon gibt es für hitzige Pferde je nach Charaktertyp unterschiedliche Notfall-Lösungen:

Left Brain-Typ: Um das eilige Tier beim Ausritt zu beruhigen, hilft nur: Gas geben. Leichter gesagt als getan – so klappt's sicher im Gelände: Ob Schritt, Trab oder Galopp, lass das Pferd etwas über dem Tempo gehen, das es gerade laufen möchte. Ermutige das Pferd vielmehr, noch ein bisschen schneller zu gehen. Behalte die Geschwindigkeit so lange bei, bis das Pferd von selbst langsamer gehen möchte. Du kannst dabei auf einem Kreis reiten oder auch in kleinen Volten, falls Du nicht so lange Wege zur Verfügung hast. Ignoriere die Frage vom Pferd ein bis zwei Mal, und reite stattdessen weiter vorwärts. Sobald das Pferd dann wieder langsamer wird, lässt Du es zu und lobst das Tier.

Im Schritt mag die Tempoverstärkung für die meisten Reiter kein Problem sein, im Trab oder Galopp wird's schon schwieriger und viele Reiter bekom-

Um eilige Pferde zu beruhigen, kann ein schneller Galopp helfen.

Auf einem großen Zirkel kann das Pferd so lange rennen, bis es wieder auf die feinen Hilfen des Reiters reagiert und sich geschmeidig bremsen lässt.

men dabei mitunter Angst. Bevor Du dieses Manöver mit Deinem Pferd im Gelände machst, solltest Du am besten einen richtig schnellen Trab und Galopp auf dem Reitplatz gut üben. Ziel ist es, dass Du Dich auch bei hohem Tempo sicher im Sattel fühlst und Du das Pferd möglichst zügelunabhängig kontrollieren kannst.

Right Brain-Typ: Wird das Pferd draußen zu schnell, wendest Du am besten auf einen Kreis ab. Drossel die Geschwindigkeit in Ruhe und mit feinen Hilfen. Erst wenn das Pferd entspannt im gewünschten Tempo läuft, geht's weiter durchs Gelände.

Das Pferd wird auf dem Heimweg schneller

Manche Pferde trotten brav durchs Gelände, drehen dafür aber auf dem Heimweg auf. Viele Reiter bezeichnen das auch als das sogenannte Home Button-Verhalten.

Überlege zunächst, warum das Pferd schnell zum Stall will. Wartet da möglicherweise immer ein Leckerli oder hat das Tier verinnerlicht, dass so schneller Feierabend winkt? Ändere solche Rituale, indem Du dem Pferd beispielsweise mal nichts zum Naschen nach dem Ritt gibst.

Gegen das Home Button-Verhalten:
Der Reiter fragt anstrengende Lektionen auf
dem Reitplatz ab.

gegen bis vor das Stalltor, hast Du zwei Möglichkeiten: Entweder reitest Du am Hof vorbei und schließt noch einen Ausritt an, oder Du gehst auf den Reitplatz und fragst anstrengende Übungen am Boden oder im Sattel ab. Wenn Du diese Strategie bei jedem Ausritt verfolgst, lernt das Pferd langfristig, dass es keinen Sinn macht, so schnell wie möglich nach Hause zu wollen.

Right Brain-Typ: Lass das Pferd einige Schritte in dem Tempo laufen, das es gerade gehen möchte. Dann verlangsamst Du sanft die Geschwindigkeit für wenige Meter. Wiederhole diese Übung. So werden viele Pferde nach und nach ruhiger und der Reiter übernimmt wieder freundlich die Führung.
Lässt sich ein Pferd mit dieser Übung nicht beruhigen, machst Du dem Tier das Rennen unbequem. Gib dem Pferd Aufgaben, bei denen es überlegen muss, wie es die Hufe auf den Boden setzt, wie beispielsweise Seitengänge. So kommt das Pferd aus dem Fluchtmodus wieder in den Denkmodus und wird ruhiger. Wichtig: Bleibe selbst ruhig im Sattel, selbst wenn die Lektion nicht auf Anhieb klappt.

Abgesehen davon kannst Du beim Ausritt diese Notfall-Strategien probieren:

Left Brain-Typ: Wird das Pferd auf dem Heimweg eilig, solltest Du das erlauben. Noch besser: Ermutige das Tier, vorwärts zu gehen. Wird das Pferd plötzlich langsamer, ist das okay. Sprintet es hin-

Das Pferd überholt beim Spaziergang

Läuft das Pferd an Dir beim Führen vorbei, drehst Du in die entgegengesetzte Richtung um und lässt die Hinterhand kreuzen. Wiederhole die Übung, bis das Pferd entspannt neben Dir läuft (siehe dazu auch Seite 63 – Führübung). Langfristig helfen das Spielen der sieben Spiele, um vom Pferd als eine echte Führungsperson anerkannt zu werden.

Immer schön der Reihe nach: Abteilungsreiten im Gelände.

Unterwegs mit anderen Reitern: Das Pferd will nicht auf seiner Position laufen und drängelt

Viele Pferde haben eine Lieblingsposition beim Ausritt in der Gruppe. Reiht man sich woanders ein, ist das Pferd wie ausgewechselt und will ständig überholen. Dieser simple Trick hilft im Notfall:

Jeder Reiter nimmt einen Carrot-Stick mit ins Gelände. Drängelt Dein Pferd, sagst Du dem Vordermann sofort Bescheid. Dieser nimmt dann beide Zügel in eine Hand und den Stick in die andere. Er führt den Stab dann hinter seinen

Rücken, ohne sich dabei umzudrehen und wedelt damit, bis die Nase Deines aufdringlichen Pferdes auf Abstand geht. Der Schwung mit dem Stick imitiert quasi ein abwehrendes Schweifschlagen. Der große Vorteil: Mit dieser Methode musst Du das Pferd nicht zurückhalten und bleibst in guter Erinnerung bei Deinem Pferd. Dafür spielt der Vordermann in diesem Moment den Buhmann. Bleibt Dein Pferd auf Abstand, gibt's ein dickes Lob – am besten auch vom Vordermann. Er kann das Pferd mit dem Stick streicheln. So entwickelt Dein Pferd keine Phobie vor dem Carrot-Stick.

Langfristig eignen sich die Gruppenübungen ab Seite 140, um Dein Pferd zu einem echten Team-Player zu machen.

Unterwegs mit anderen Reitern: Mein Pferd ist im Galopp nicht mehr zu halten

Vorm Gruppengalopp haben viele Reiter Angst. Was tun, wenn das Pferd vorprescht?

Das hilft im Notfall:
Zieht Dein Pferd nach vorne, solltest Du das zulassen. Vorne angekommen, drehst Du um. Leichter gesagt als getan: Wie Du das Tier sanft entschleunigst liest Du in diesem Notfall-Ratgeber im Abschnitt »Das Pferd geht durch«. Reite dann an den Kumpels in entgegengesetzter Richtung vorbei, um anschließend wieder das Feld von hinten aufzurollen. Wiederhole die Übung, bis sich das Pferd beruhigt hat.

Solchen überschießenden Reaktionen beugt man am besten auch mit den Gruppen-Übungen vor, die ab Seite 140 beschrieben werden.

Unterwegs mit anderen Reitern: Mein Pferd dreht durch, wenn wir die Gruppe verlassen

Pferde fühlen sich mit Kumpels draußen am wohlsten. Manchmal aber kommt man um eine Trennung nicht herum, beispielsweise wenn man früher nach Hause muss. Viele Pferde werden nervös, wenn Sie plötzlich ohne die anderen Pferde eine andere Richtung einschlagen. Wie Du im Notfall Deinem Pferd helfen kannst, liest Du im Abschnitt »Das Pferd wird nervös im Gelände«.

Kluge Vorbereitung: Damit sich im Ernstfall kein Pferd aufregt, solltet Ihr die Situation am besten üben. Wie das funktioniert liest Du ab Seite 147 – Entspannte Trennung von der Gruppe im Gelände.

Eine Trennung kann für alle Beteiligten so schön entspannt sein.

21 wichtige Gedanken ...

... für jeden Reiter

1. Die Beziehung zum Pferd steht an erster Stelle.
2. Die Haltung der Gerechtigkeit ist effektiv
3. Sei effektiv, um verstanden zu werden; werde verstanden, um effektiv zu sein
4. Strafe funktioniert bei Fluchttieren nicht. Stattdessen kannst Du Problemen mit dem Parelli-Programm vorbeugen.
5. Mache dem Pferd falsche Dinge unangenehm und richtige Dinge einfach und angenehm.
6. Gehe eine Weile in den »Mokassins« Deines Pferdes und lerne, seine Natur und Verhaltensweisen zu verstehen.
7. Nimm Dir die Zeit, die Dein Pferd braucht!
8. Bleibe höflich und passiv haltend in der richtigen Position
9. Sei so freundlich und höflich wie möglich und so deutlich wie nötig. Wenn Du deutlich wirst, werde es ohne Aggression und Gemeinheit. Sei freundlich, ohne das Pferd zu verhätscheln.
10. Bestich nicht, belohne!
11. Passe Deine Energie an die Energie des Pferds an.
12. Überlege immer, ob Dein Pferd einen guten Grund für sein Verhalten hat!
13. Benimm Dich nicht wie ein Raubtier, sondern denke und handle wie ein Pferd.
14. Werde geistig, emotional und körperlich fitter.
15. Habe einen Plan im Kopf.
16. Arbeite nicht härter als Dein Pferd.
17. Überlege Dir Übungen, die möglichst sicher zum Erfolg führen.
18. Vertraue darauf, dass Dein Pferd korrekte Antworten gibt, aber sei bereit, es zu korrigieren.
19. Mache einfache Dinge gut.
20. Lasse das Seil bei der Bodenarbeit immer locker.
21. Höre immer an einem guten Punkt auf.

Service · Quellennachweis

- Parelli Natural Horsemanship: diverse Lehrmaterialien online und Bücher, DVDs etc.
- Margit Zeitler-Feicht: Handbuch Pferdeverhalten, Eugen Ulmer Verlag, 2001
- Nadine Symanski: Wie verliert mein Pferd die Angst vor Traktoren?, Pferdemagazin CAVALLO, Verlag Motor Presse Stuttgart, Heft 11-2016
- Cathrin Flößer: Versuch's mal mit Parelli, Pferdemagazin CAVALLO, Verlag Motor Presse Stuttgart, Heft 10-2015
- Melanie Tschöpe: Besser Reiten mit Horsemanship, Pferdemagazin CAVALLO, Verlag Motor Presse Stuttgart, Heft 6-2015
- Christiane Wehnert: Raus die Maus, Pferdemagazin CAVALLO, Verlag Motor Presse Stuttgart, Heft 6-2016
- Christiane Wehnert: Coole Socke, Pferdemagazin CAVALLO, Verlag Motor Presse Stuttgart, Heft 7-2016
- Christiane Wehnert: Nasch nicht, Katze, Pferdemagazin CAVALLO, Verlag Motor Presse Stuttgart, Heft 8-2016
- Christiane Wehnert: Tempolimit, Pferdemagazin CAVALLO, Verlag Motor Presse Stuttgart, Heft 9-2016
- Christiane Wehnert: Team-Player, Pferdemagazin CAVALLO, Verlag Motor Presse Stuttgart, Heft 10-2016

Die Autoren

Ralf Heil betreibt gemeinsam mit Julia Mack-Heil den Birkenhof in Geisenheim im Rheingau (in der Nähe von Mainz/Wiesbaden). Hier finden regelmäßig Kurse, Camps und Workshops statt, unter anderem auch mit anderen bekannten Trainern wie Dressurausbilder Dr. Thomas Ritter. Als 3-Sterne-Parelli-Instruktor tourt Ralf Heil außerdem durch ganz Deutschland und gibt sein Horsemanship-Wissen in Kursen, Workshops, beim Privatunterricht und auf Veranstaltungen wie der Equitana oder CAVALLO Academy weiter.
Kontakt: www.birkenhof-heil.de

Sandra Gockenbach ist studierte Architektin. Als 1-Stern Instruktorin unterrichtet Sandra Privatstunden, Workshops und Kurse in den Savvys On Line und FreeStyle von Level 1 bis Level 4.
Kontakt: www.sandra-gockenbach.de

Christiane Wehnert schrieb den Text des Buches. Die studierte Pferdewissenschaftlerin war einige Jahre festangestellte Redakteurin beim Pferdemagazin CAVALLO, heute leitet sie ihr eigenes Büro für Kommunikation und Medien. Dabei arbeitet sie weiterhin als freie Autorin für CAVALLO, organisiert die CAVALLO Academy auf Schloss Wickrath seit 2014, moderiert auf Messen wie der Pferd & Jagd in Hannover und unterstützt mehrere Pferdetrainer bei der Öffentlichkeitsarbeit und Event-Organisation.

WEITERE INTERESSANTE BÜCHER ZUM THEMA

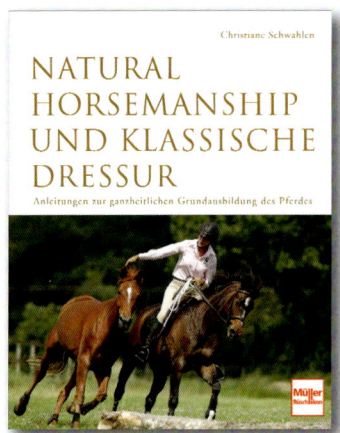

Christiane Schwahlen verknüpft für die vielseitige Grundausbildung von Pferden die Prinzipien und Grundlagen des Natural Horsemanships mit den Ausbildungszielen der klassischen Dressur.
256 Seiten, 282 Bilder
ISBN 978-3-275-01901-4
€ 34,90 / € (A) 35,90

Horsemanship begeistert, weil es die Kommunikation zwischen Mensch und Pferd verbessert. Kerstin Diacont stellt in diesem Ratgeber die Grundlagen und Basislektionen vor sowie deren Nutzen beim späteren Reiten.
96 Seiten, 110 Bilder, 6 Strichzeichnungen
ISBN 978-3-275-02058-4
€ 11,95 / € (A) 12,40

In diesem Ratgeber werden moderne Haltungsformen ausführlich vorgestellt. Von der Paddockbox mit Laufanreizen bis zum Bewegungsstall mit computergesteuerter Fütterung findet sich für jedes Pferd die passende Lösung.
224 Seiten, 320 Bilder, 23 Strichzeichnungen
ISBN 978-3-275-02046-1
€ 29,90 / € (A) 30,80

Die Leser erhalten hier praxisnahe Anleitungen für die Planung und Durchführung eines Wanderrittes. Tipps aus der langjährigen Erfahrung der Autoren helfen in kniffligen Situationen, beugen Überlastung und Unfällen vor und sorgen für einen harmonischen Ritt.
272 Seiten, 293 Bilder, 71 Strichzeichnungen
ISBN 978-3-275-01949-6
€ 24,90 / € (A) 25,60

Änderungen in Preis und Lieferfähigkeit vorbehalten

Überall, wo es Bücher gibt, oder unter
WWW.MUELLER-RUESCHLIKON.DE
Service-Hotline: 0711/78 99 21 51